【図説】日本の鉄道 特別編成 全国新幹線

CONTENTS

特集 開業直後の北海道新幹線の配線を見る…2
最新 全国新幹線を俯瞰する…78

配線図

九州新幹線

鹿児島中央・川内・出水・新水俣・新八代…6／熊本・新玉名・新大牟田保守基地・新大牟田・筑後船小屋・久留米・新鳥栖…8／博多…10／熊本総合車両所・博多総合車両所…84／川内新幹線車両センター…110

山陽新幹線

博多・小倉…10／新下関・厚狭…12／新山口…14／徳山・新岩国・新岩国保守基地…16／広島・東広島・三原保守基地・三原…18／新尾道・福山・新倉敷・岡山…20／相生・姫路…22／西明石・新神戸・新大阪…24／博多南…84／鞍手信号場・博多総合車両所広島支所・博多総合車両所岡山支所…86／姫路・西神戸保守基地…110

東海道新幹線

新大阪…24／京都・米原…26／岐阜羽島・名古屋…28／三河安城・豊橋・豊橋保線所…30／浜松・掛川…32／静岡・新富士…34／三島・三島保守基地…36／熱海・小田原…38／新横浜・品川…40／東京…42／鳥飼信号場・鳥飼車両基地…88／栗東信号場・名古屋電留線・静岡電留線…90／大井車両基地…92／浜松工場…106

東北新幹線

東京・上野…42／大宮・小山・宇都宮…44／那須塩原・新白河・郡山…46／福島・白石蔵王・白石蔵王保守基地…48／仙台・古川…50／くりこま高原・一ノ関・水沢江刺…52／北上・新花巻…54／盛岡・いわて沼宮内…56／二戸・八戸…58／七戸十和田・七戸保守基地・新青森…60／東京新幹線車両センター…94／小山新幹線車両センター・鷲宮信号場・那須電留基地…96／新幹線総合車両センター…98／盛岡新幹線車両センター…100／北上線区・東福島保守基地・一ノ関保守基地…110

上越新幹線

東京・上野…42／大宮…44／新潟・燕三条・長岡…72／浦佐・越後湯沢・（臨）ガーラ湯沢・上毛高原…74／高崎・本庄早稲田・熊谷…76／新潟新幹線車両センター…108／長岡保線技術センター…110

北陸新幹線

東京・上野…42／大宮…44／福井・金沢・新高岡…64／富山・富山保守基地・黒部宇奈月温泉…66／糸魚川・上越妙高・飯山…68／長野・上田・佐久平・軽井沢・安中榛名…70／高崎・本庄早稲田・熊谷…76／北陸新幹線白山総合車両所…104／長野新幹線車両センター…108

北海道新幹線

新青森・奥津軽いまべつ…60／木古内・新函館北斗…62／新中小国信号場…100／竜飛定点・吉岡定点・湯の里知内信号場…102／函館総合車両基地…106

表紙：海峡線共用区間を走る「はやぶさ」13号新函館北斗行（右）と新青森方面に向かうJR東日本の新幹線電気・軌道総合検測車「イーストアイ」（左）（撮影：川島令三）

はじめに

川島令三 [編著者]

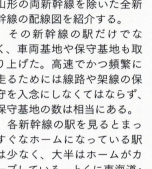

本書では在来線である秋田・山形の両新幹線を除いた全新幹線の配線図を紹介する。

その新幹線の駅だけでなく、車両基地や保守基地も取り上げた。高速でかつ頻繁に走るためには線路や架線の保守を入念にしなくてはならず、保守基地の数は相当にある。

各新幹線の駅を見るとまっすぐなホームになっている駅は少なく、大半はホームがカーブしている。とくに東海道・山陽・東北（盛岡以南）の各新幹線駅に多い。

これは16両編成、長さにして約400m（実際には410m以上）に対応したホームの長さが必要だが、既存の駅に併設している新幹線駅では、ホームの長さを410mにするのは用地上難しい。そこでホームをカーブさせて長さを確保しているのである。

当初の新幹線の各駅は通過線と停車線があって、通過列車の列車風がホームにあたらないようにしているが、近年開通した新幹線駅の多くはホームドアを設置して相対式ホーム2面2線になっている。建設費を軽減するためである。

とはいっても非常時に備えて待避線は必要ということで上下線の片側にだけ待避線を設置している駅もある。

こうみると、単純なようで単純でないのが、新幹線の配線である。各新幹線の配線を本書で楽しんでいただければ幸いである。

特集

開業直後の北海道新幹線の配線を見る

川島令三

新幹線・海峡線共用区間起点に進入する「はやぶさ」5号新函館北斗行。狭軌の海峡線上下線が新幹線の両側から分岐合流している

新幹線単独区間の館沢トンネルに進入する「はやぶさ」18号東京行

青函トンネル青森側坑口に進入する「はやぶさ」95号新函館北斗行。車両はJR北海道のH5系。窓下の帯が紫色で、先頭車連結側には北海道をモチーフにしたエンブレムがある。お立ち台から撮影

青函トンネル青森側坑口付近は見学用広場が整備され、その東側には写真撮影用のお立ち台が置かれている

青函トンネル撮影用の北海道坑口お立ち台。海峡線開通時から設置されているが、看板は新幹線H5系でなくE5系のイラストになっている

奥津軽いまべつ駅に進入する「はやぶさ」1号新函館北斗行。下り線側は通過線と停車線がある。両線路とも異常時に折り返しができるように奥に上下渡り線がある。海峡線は駅の外側を通るために標準軌線のみとなっている

第1湯の里トンネルに進入する「はやぶさ」26号東京行。第1湯の里トンネルと青函トンネルとの間のコモナイ川橋梁はスノーシェルターに覆われ、両トンネルはあたかも1つのトンネルとし、第1湯の里トンネルの木古内寄り坑口は青函海底トンネル坑口として案内され、この坑口を遠望できる国道沿いにはお立ち台が設置されている

H5系全編成の側面をお立ち台から見ることができる

特集　開業直後の北海道新幹線の配線を見る

旧知内駅は湯の里知内信号場となり、貨物列車の新幹線電車待避と列車火災時の避難消火設備がある。貨物列車の待避は常時行うわけではないために本線も狭軌・標準軌併用の3線軌になっている。また消火栓がずらっと並べられている

3線軌になっている共用区間ですれちがう「はやぶさ」13号（右）とＪＲ東日本の新幹線電気・軌道総合検測車「イーストアイ」（左）。内側に狭軌用と標準軌用線路を並べているのは、貨物列車の軌道中心をできるだけ外側に寄せてすれ違い時の列車風の影響を少なくするためである。お立ち台から撮影。奥に第4森越トンネルがある

共用区間終点。スノーシェルターやトンネルフードがあって見にくいが、狭軌線が外側に分岐合流している。お立ち台から撮影、奥は木古内駅

お立ち台から見た木古内駅。新幹線は下り勾配で進み、木古内駅は上り線側に通過線と停車線がある

上野トンネル付近には「北海道新幹線ビュースポット」と称してお立ち台が設置された。ここから木古内駅と第4森越トンネルの両方向が見渡せる

特集　開業直後の北海道新幹線の配線を見る

七飯岳から見た北海道新幹線。右に新函館北斗駅、その手前に車両基地がある。新幹線は左側から大きくカーブしている。カーブせず、まっすぐ進めばより函館市街地に近づくが、長万部駅を目指すために大きくカーブして函館本線上り線にあった渡島大野駅を新幹線新函館北斗駅とした。

奥で「はやて」91号が走り、その手前は車両基地、さらにその手前に函館本線上り線、そして高架の下り線が見える。新幹線開業後、下り線は下り貨物列車と一部の下り普通が走り、他の列車は下り列車といえども上り線を走るようになった。

新幹線函館総合車両基地。保守基地を除いて留置線も含めて建屋内にある。中央やや右に留置線から出て新函館北斗駅に向かう回送電車が走っているのが見える

急造りのお立ち台から見た新函館北斗駅に進入する「はやて」93号

特集　開業直後の北海道新幹線の配線を見る

七飯岳中腹から見た新函館北斗駅（右）と新幹線函館総合車両基地（左）

新函館北斗駅の横にある公共駐車場には新函館北斗駅を発着する電車が見える急造りの簡易お立ち台が設置されている

行き止まり側から見た新函館北斗駅。両側に1線ずつ発着線を増設できるようになっている。停まっているのは「はやて」93号（右）と「はやぶさ」16号

同・新函館北斗駅。進入する「はやて」91号と在来線駅に停車している「はこだてライナー」が見える。駅の右手先にレールは敷設されていないが、5‰（パーミル）の上り勾配になっている路盤があるのがわかる。駅の手前も5‰の上り勾配になっている。札幌まで延びたときには駒ケ岳の山裾越えをするために、すでに上り勾配になっているのである

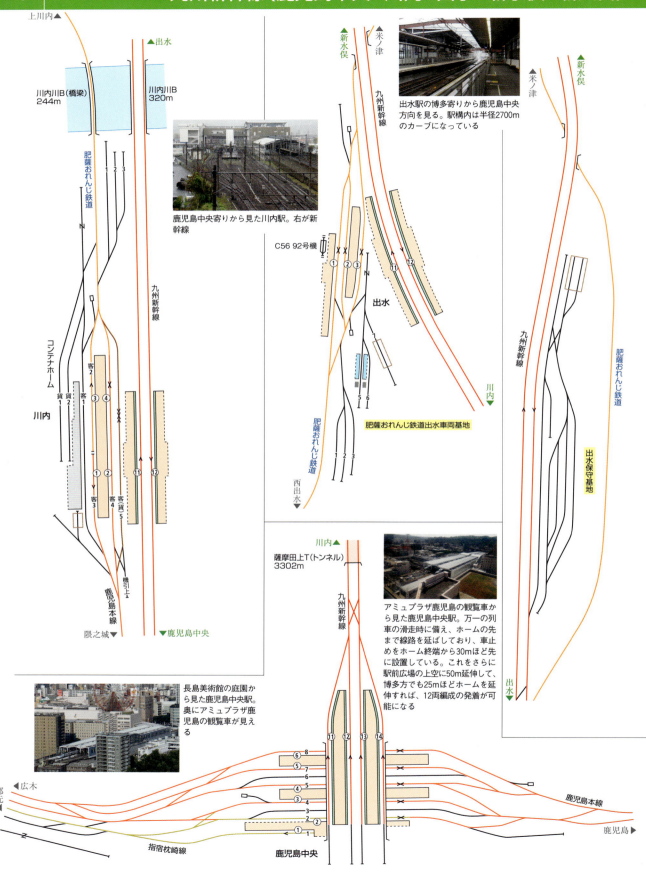

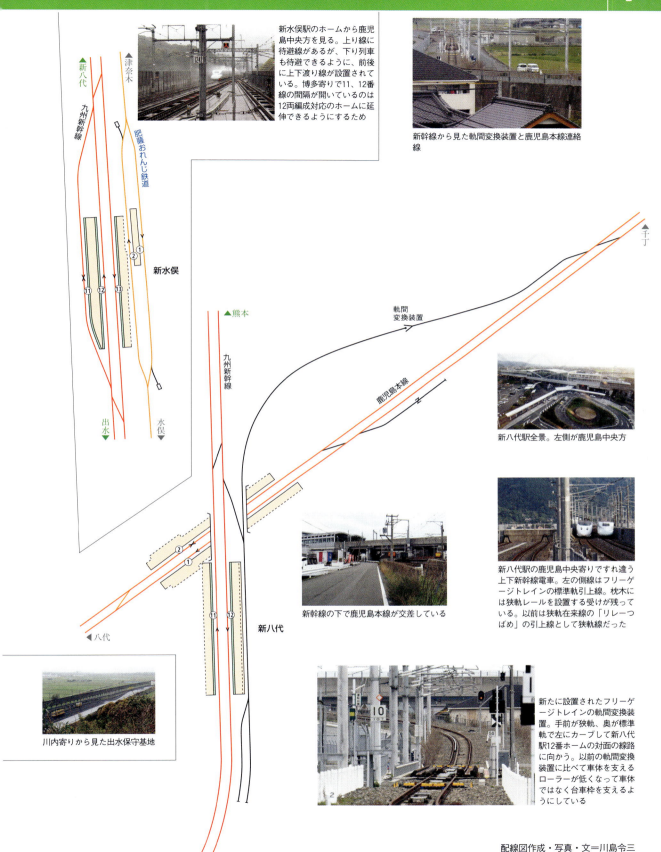

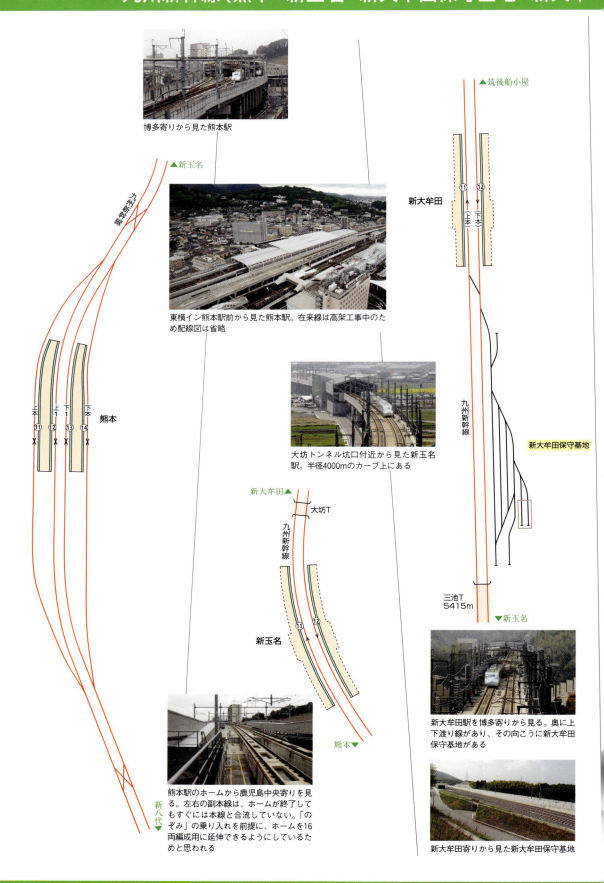

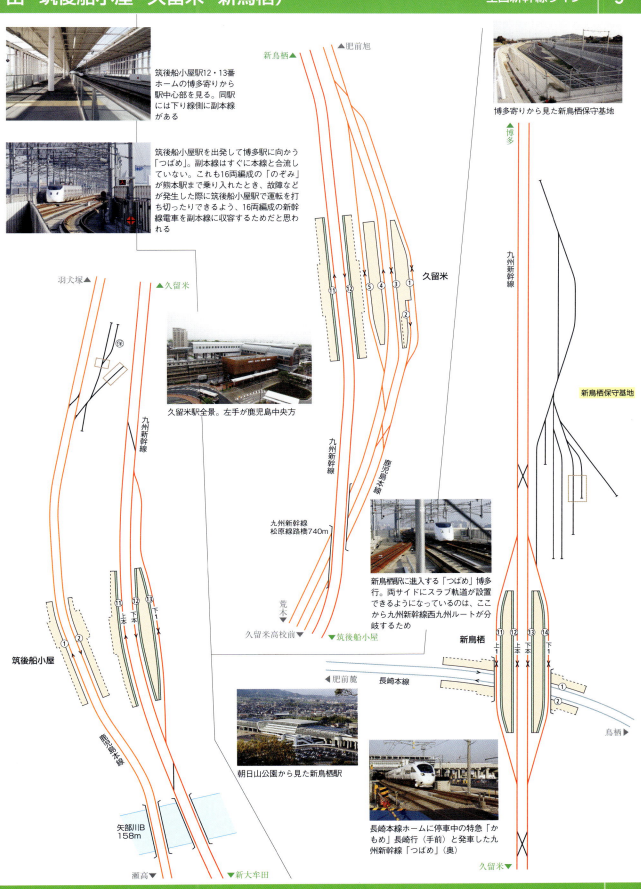

10 全国新幹線ライン　九州新幹線（博多）／山陽新幹線（博多・小倉）

博多駅に進入する500系「こだま」（右）と、出発した700系ひかりレールスター使用の「こだま」（左）

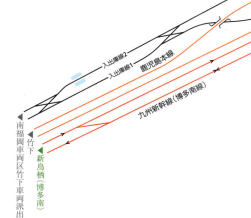

九州新幹線の博多駅乗り入れにより、ホーム1面2線が増設され、博多駅の鹿児島中央寄りの配線は大きく変更された

小倉駅に進入する500系「こだま」岡山行

在来線小倉駅の博多寄りは、大きく配線変更された。鹿児島本線と日豊本線の線路を完全に分離するとともに、鹿児島貨物線も完全に複線となった

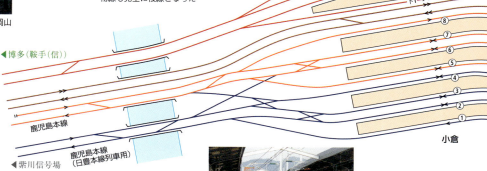
小倉駅に停車中の「さくら」新大阪行（左）

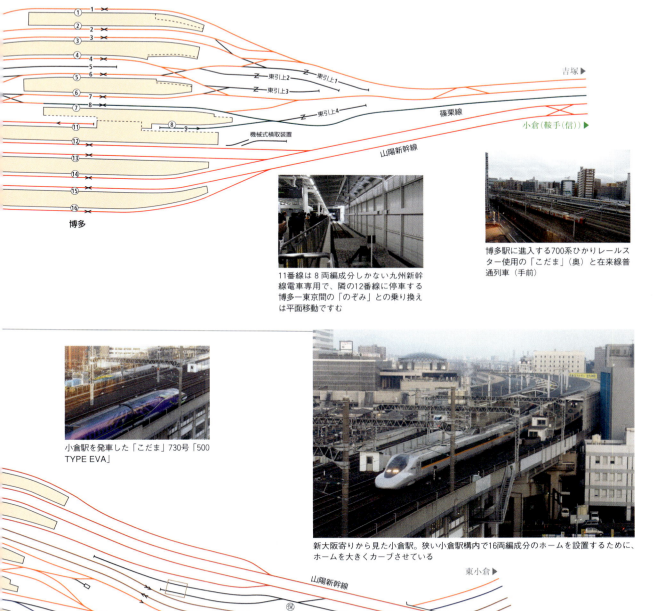

11番線は8両編成分しかない九州新幹線電車専用で、隣の12番線に停車する博多―東京間の「のぞみ」との乗り換えは平面移動ですむ

博多駅に進入する700系ひかりレールスター使用の「こだま」（奥）と在来線普通列車（手前）

小倉駅を発車した「こだま」730号「500 TYPE EVA」

新大阪寄りから見た小倉駅。狭い小倉駅構内で16両編成分のホームを設置するために、ホームを大きくカーブさせている

全国新幹線ライン　山陽新幹線（新下関・厚狭）

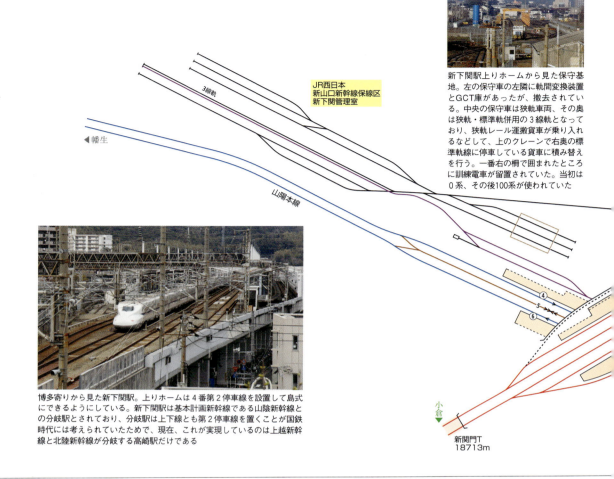

新下関駅上りホームから見た保守基地。左の保守車の左隣に軌間変換装置とGCT庫があったが、撤去されている。中央の保守車は狭軌車両、その奥は狭軌・標準軌併用の3線軌となっており、狭軌レール運搬貨車が乗り入れるなどして、上のクレーンで右奥の標準軌線に停車している貨車に積み替えを行う。一番右の柵で囲まれたところに訓練電車が留置されていた。当初は0系、その後100系が使われていた

JR西日本　新山口新幹線保線区　新下関管理室

博多寄りから見た新下関駅。上りホームは4番第2停車線を設置して島式にできるようにしている。新下関駅は基本計画新幹線である山陰新幹線との分岐駅とされており、分岐駅は上下線とも第2停車線を置くことが国鉄時代には考えられていたためで、現在、これが実現しているのは上越新幹線と北陸新幹線が分岐する高崎駅だけである

新関門T 18713m

厚狭駅の高架下から上部構造物を見る。左側が後付けをした停車線とホームのための高架桁

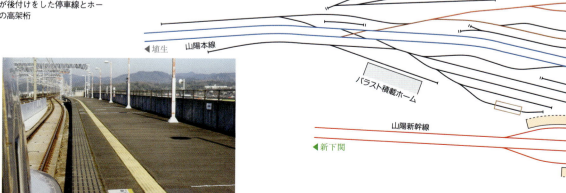

上り線から博多方を見る。少ないスペースで停車線を設置したため、端部はカーブしている

全国新幹線ライン　13

斜めから見た保守基地。左から狭軌線が合流して3線軌になっていることや、訓練線の撤去跡がわかる

山陰新幹線の下り線用の用地が確保されている

3番線の反対側に4番線が設置できるよう、一部路盤ができている。その右の線路は保守基地への出入線だが、保守基地に隣接して訓練線とGCTのための軌間変換装置があって、試験電車や訓練電車が出入りしていた

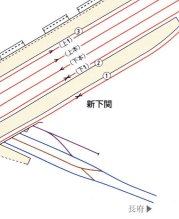

新下関駅に進入する「こだま」博多行。左の線路は引上線だが、山陰新幹線ができたときには上り本線となるよう想定されており、「こだま」の右側には山陰新幹線下り線のための用地が確保されている

厚狭駅に進入する「こだま」博多行

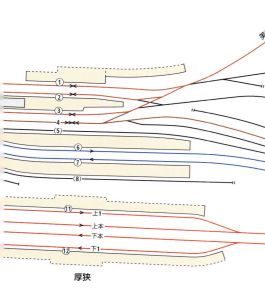

厚狭駅に停車中の「こだま」博多行（左）と通過する「のぞみ」東京行（右）。新幹線厚狭駅は山陽新幹線開業後に設置されたため、停車線と通過線の間にかつての高架橋の壁が残されている

14 全国新幹線ライン　山陽新幹線（新山口）

新山口駅を発車した「さくら」鹿児島中央行（左）と進入する「のぞみ」東京行（右）を11番ホームから見る。「さくら」の左側の線路は保守基地への出入線。駅構内の博多寄りは緩和曲線上にあって緩くカーブし、その先の直線のところで停車線と通過線が分岐合流、さらに逆方向の上下渡り線がある

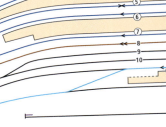

保守基地（手前）と宇部線ホーム（左奥）。保守基地の宇部線寄りの線路にはレール吊り上げクレーンがあり3線軌になっていたが、車止め部分以外の狭軌の線路は撤去された

下りホームの反対側にある保守基地への出入線。奥が博多方

始発前に保守作業終了を確認する確認車。最後に入庫してくる

出入線を走る保守車両。ショベルカー積載車やレール吊り上げクレーン車などを、プッシュプルでMC（モーターカー）が前後に連結している

全国新幹線ライン 15

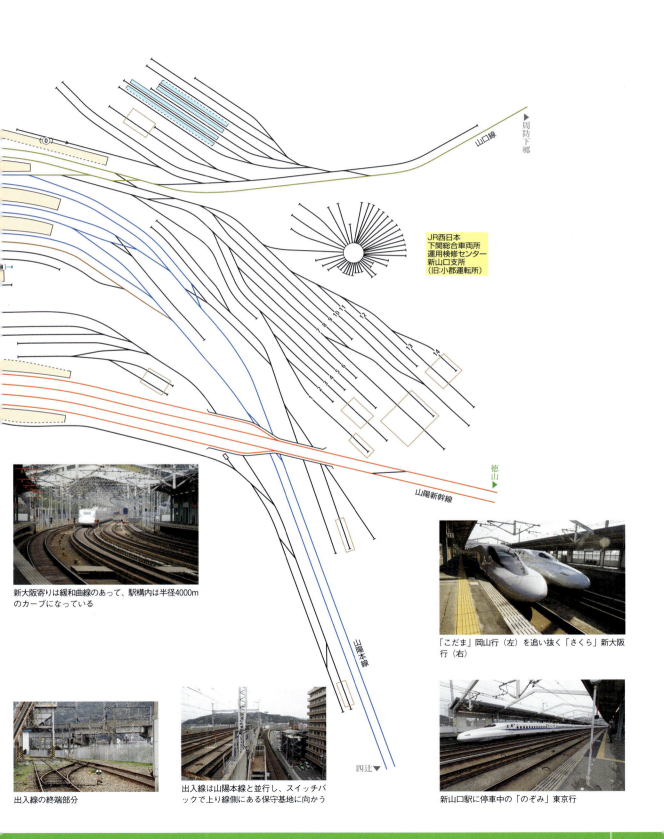

新大阪寄りは緩和曲線のあって、駅構内は半径4000mのカーブになっている

「こだま」岡山行（左）を追い抜く「さくら」新大阪行（右）

出入線の終端部分

出入線は山陽本線と並行し、スイッチバックで上り線側にある保守基地に向かう

新山口駅に停車中の「のぞみ」東京行

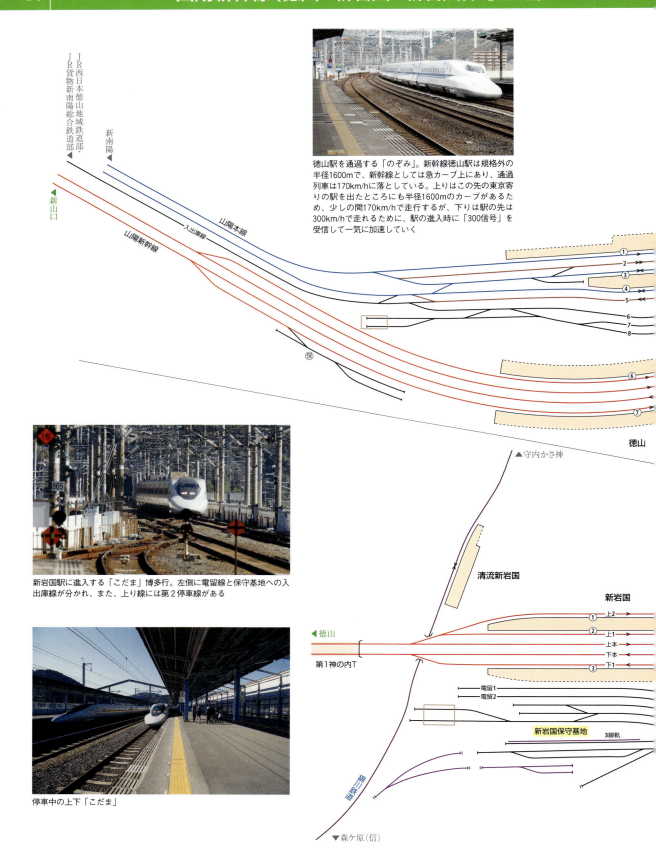

全国新幹線ライン | **17**

徳山駅の博多寄りから東京方を見る。「こだま」新大阪行（左）を追い抜く「のぞみ」東京行（右）

上りホーム背面にある保守車留置線

新大阪寄りから見た徳山駅。保守車留置線が上りホームの背面南側にある

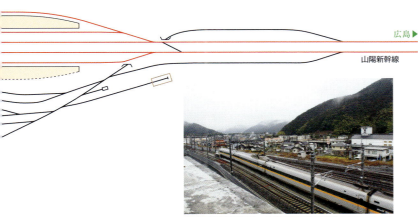
新岩国保守基地には、2線の電留線が設置されている。左のコンクリートの部分は、下りの第2停車線を設置できるようにする路盤

保守基地は電留線の東側にあり、3線軌も残っている。右は下り第2停車線の路盤

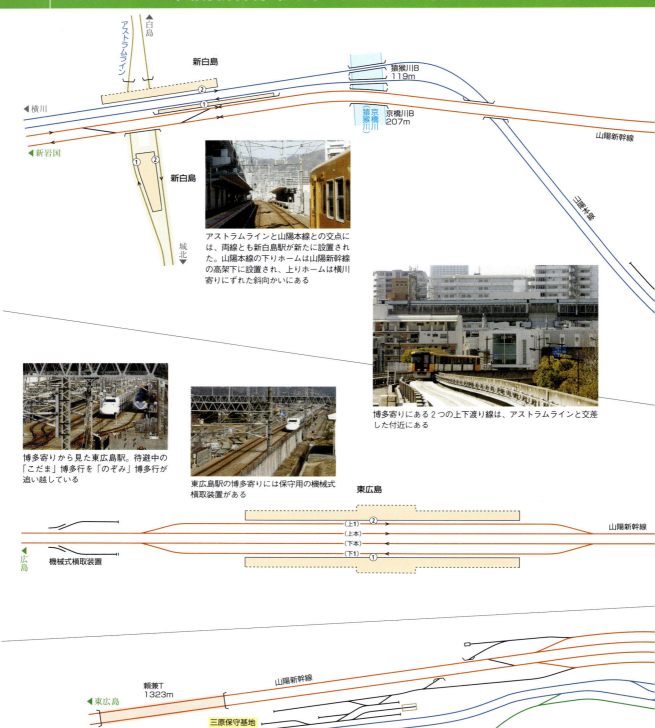

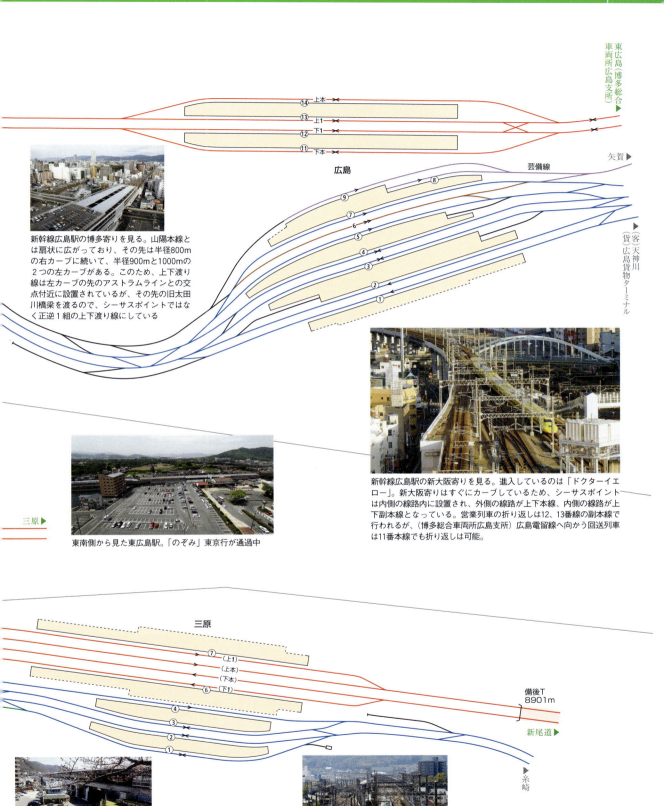

全国新幹線ライン　山陽新幹線（新尾道・福山・新倉敷・岡山）

新尾道駅の博多寄りには、やや離れて備後トンネルの坑口がある

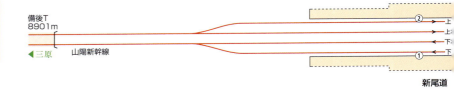

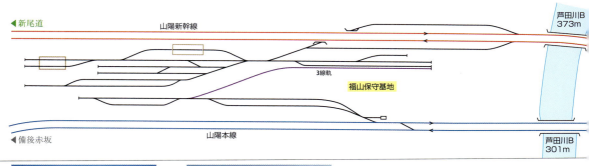

福山城のすぐ南側に福山駅がある

南西側から見た福山駅。山陽本線の直上に新幹線のホームがあるため、在来線の配線図は省略

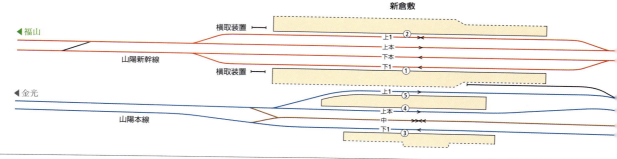

岡山駅を発車する「こだま」新大阪行（上）と、停車中の「サンライズ出雲・瀬戸」出雲市・高松行（下）。山陽本線の一部が新幹線のホームの下にあるため、在来線の配線図は省略

岡山駅に進入する「のぞみ」博多行。正逆1組の上下渡り線の手前の駅構内は、大きくカーブしている

全国新幹線ライン 21

尾道T 3800m

福山▶

新尾道駅の新大阪寄りから博多方を見る

新尾道駅の新大阪寄りすぐのところに尾道トンネルの坑口がある

博多寄りから見た福山保守基地

福山▶

福山▶

山陽新幹線

▶新倉敷

②上1
上本
下本
①下1
福山

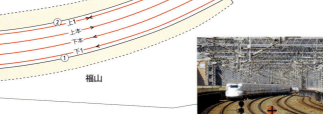
山陽本線のホームは真下にあるが、福塩線のホームまでは新幹線の高架橋はかかっていない。在来線改札口を通ってから中間改札を経て、直通の階段やエレベーター、エスカレーターで新幹線ホームに出る。階段は途中で在来線ホームに行けるようにはなっているが、その扉は閉鎖されている

岡山▶

西阿知▶

新倉敷駅は半径10000mの緩いカーブ上にある

福山駅を出発した「のぞみ」博多行。新幹線福山駅は半径3500mのカーブ上にあり、制限速度は285km/hとなっていて、通過列車はこの速度に落とす

北西側から見た新倉敷駅

岡山駅に進入する「のぞみ」東京行。博多寄りも大きくカーブしている

新幹線岡山駅の中心付近は直線だが、前後はカーブしている

山陽新幹線

▶相生

㉔上1
㉓上本
㉒下本
㉑下1
岡山

全国新幹線ライン　山陽新幹線（相生・姫路）

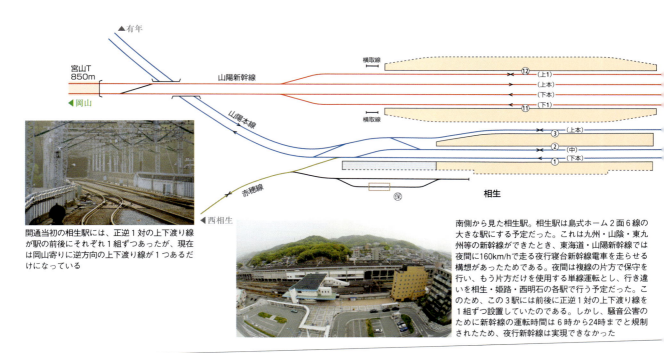

開通当初の相生駅には、正逆1対の上下渡り線が駅の前後にそれぞれ1組ずつあったが、現在は岡山寄りに逆方向の上下渡り線が1つあるだけになっている

南側から見た相生駅。相生駅は島式ホーム2面6線の大きな駅にする予定だった。これは九州・山陰・東九州等の新幹線ができたとき、東海道・山陽新幹線では夜間に160km/hで走る夜行寝台新幹線電車を走らせる構想があったためである。夜間は複線の片方で保守を行い、もう片方だけを使用する単線運転とし、行き違いを相生・姫路・西明石の各駅で行う予定だった。このため、この3駅には前後に正逆1対の上下渡り線を1組ずつ設置していたのである。しかし、騒音公害のために新幹線の運転時間は6時から24時までと規制されたため、夜行新幹線は実現できなかった

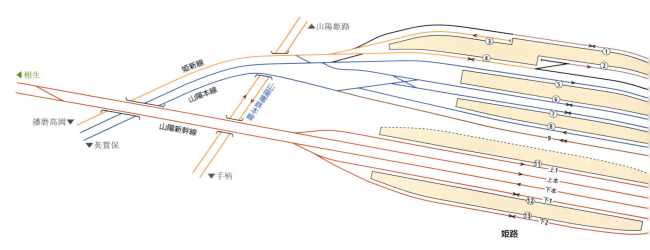

姫路駅を出発した「こだま」新大阪行。姫路駅の新大阪寄りにある正逆1組の上下渡り線は、そのまま残っている

姫路駅に進入する「ひかり」岡山行

姫路駅の上り線側にも第2停車線を設置する予定だった

全国新幹線ライン | 23

相生駅に進入する「のぞみ」博多行。直線のところに正逆1組の上下渡り線があったが、撤去されている

相生駅を通過した「のぞみ」東京行

相生駅に進入する「ひかり」東京行

姫路駅を出発した「こだま」広島行

在来線が高架になったが、それでも第2停車線が設置できるスペースは残されている

在来線新快速電車から新幹線姫路駅を見る。上り第2停車線を設置して、島式ホームになる形状のホームになっているのがわかる

JR西日本はホーム転落事故防止に効果があるとわかったホームのベンチをクロスシートにすることを進めており、新幹線姫路駅もこのベンチが設置されている

姫路駅に停車中の「ひかり」東京行

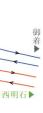

24 全国新幹線ライン　山陽新幹線（西明石・新神戸・新大阪）／東海道新幹線

西明石駅で待避中の「ひかり」東京行（左）を追い抜く「のぞみ」東京行（右）

西明石駅は山陽本線と斜めに交差している。高架線が新幹線駅

西明石駅を通過する「のぞみ」東京行。新大阪寄りにある正逆1組の上下渡り線は残されている

西明石駅を通過した「のぞみ」博多行。西明石駅も駅の両端に正逆1対の上下渡り線が1組ずつあったが、博多寄りは撤去された

新大阪駅は東京寄りで東海道本線と、博多寄りで大阪市地下鉄御堂筋線と交差する。また網干総合車両所宮原支所（旧・宮原操車場）が博多寄りで広がっていて、北側には北方貨物線が並行する。配線が複雑になるので在来線の配線図は省略

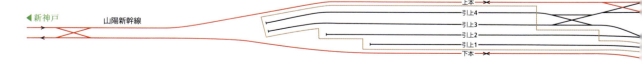

（新大阪）　　　　　　　　　　　　　　　　　　　　　全国新幹線ライン　25

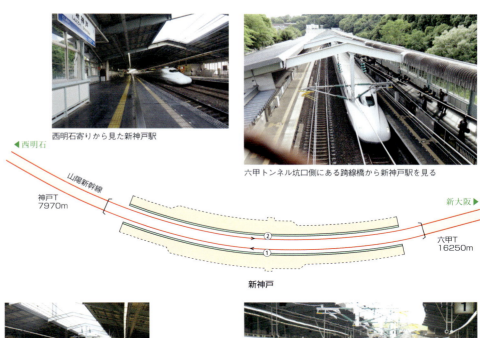

西明石寄りから見た新神戸駅

六甲トンネル坑口側にある跨線橋から新神戸駅を見る

新神戸駅に停車中の「さくら」鹿児島中央行。新神戸駅は相対式ホーム2面2線で半径3000mのカーブ上にある

六甲トンネルを出て新神戸駅に進入する「さくら」鹿児島中央行（右）と停車中の「のぞみ」東京行（左）。同駅は六甲トンネルと神戸トンネルの間にある

20番線から博多方を見る。20番線は8両編成の「こだま」と「さくら」「みずほ」の発着用ホームのため、両端は柵によって立ち入れない

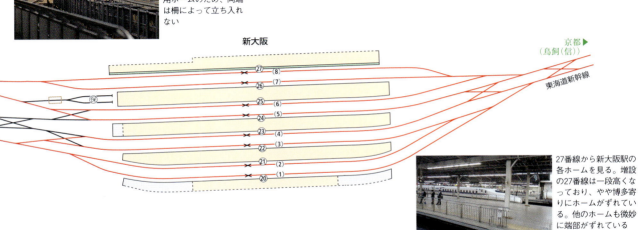

27番線から新大阪駅の各ホームを見る。増設の27番線は一段高くなっており、やや博多寄りにホームがずれている。他のホームも微妙に端部がずれている

全国新幹線ライン 東海道新幹線（京都・米原）

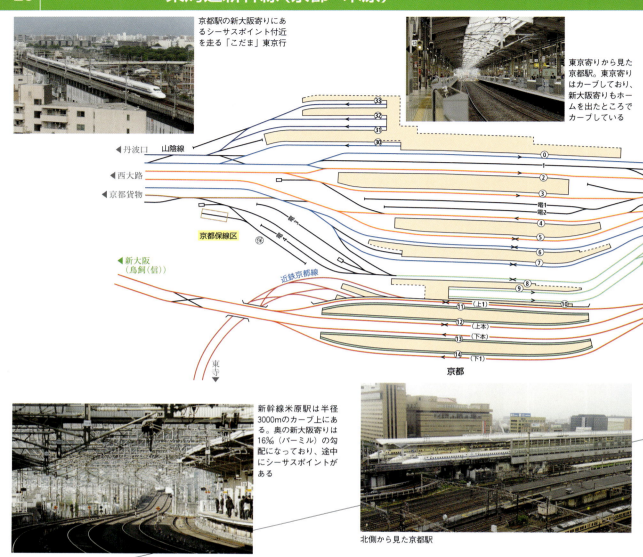

京都駅の新大阪寄りにあるシーサスポイント付近を走る「こだま」東京行

東京寄りから見た京都駅。東京寄りはカーブしており、新大阪寄りもホームを出たところでカーブしている

新幹線米原駅は半径3000mのカーブ上にある。奥の新大阪寄りは16‰（パーミル）の勾配になっており、途中にシーサスポイントがある

北側から見た京都駅

米原駅上り線東京寄りの第2停車線の列車が停車しない個所（左）にはホームがなく壁になっている。このため第1停車線側のこの個所は、あたかも相対式ホームのような感じになっている

上りは島式ホームになっていて第2停車線があるが、第1停車線とずれており、ホームの新大阪寄りの第1停車線に面して列車が停車しない個所には柵をしてある

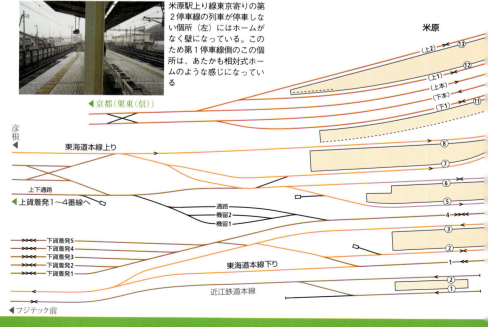

全国新幹線ライン 27

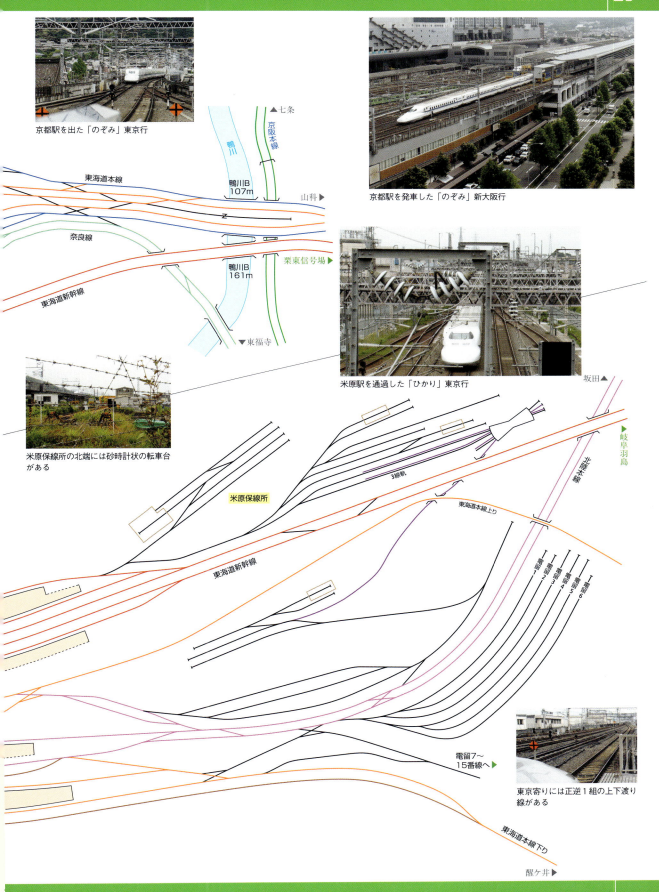

全国新幹線ライン　東海道新幹線（岐阜羽島・名古屋）

岐阜羽島駅の新大阪寄りの上下渡り線は正方向だけしかない。上り列車の下り線への転線のためである。東京寄りは逆方向の上下渡り線となっており、雪害時に上り線が抑止された電車で3線とも塞がったときに、下り線に転線して、上り線を抑止線として床下に付着した雪を掻きおろせるようにしている。なお、新大阪寄りの渡り線は10‰の勾配上にある

◀米原

◀岐阜羽島

東海道新幹線

日比津保線所出入
名古屋電留線入出庫

名古屋駅を出発した「こだま」新大阪行。N700系ばかりになって、700系の走行はあまり見ることができなくなっている

名古屋駅から新大阪寄りを見る。内側が副本線で両外側が本線となっている

名古屋駅は島式ホーム2面4線ですべての列車が停まるため、同時進入発車が多く、先行列車の発車が少し遅れると写真のようにきれいに並ぶこともある。すべての列車は1分30秒間停車する

名古屋駅は半径1000mと1500mのカーブ上にある

出発した「ひかり」東京行。手前の新大阪寄りが半径1000m、奥の東京寄り端部に1000mのカーブがある

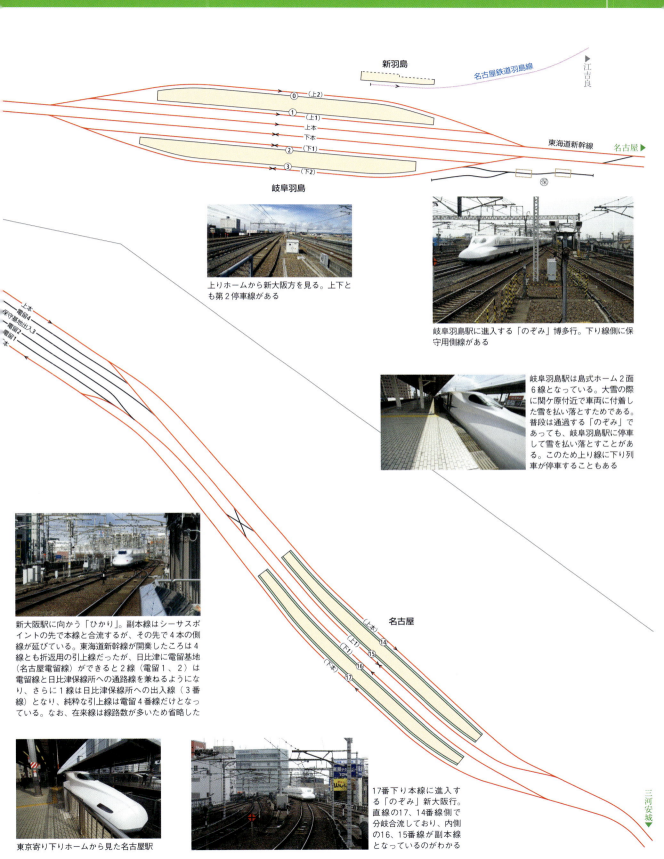

全国新幹線ライン　東海道新幹線（三河安城・豊橋・豊橋保線所）

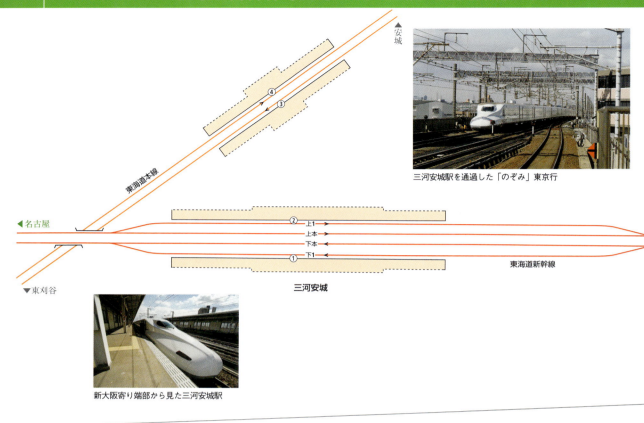

三河安城駅を通過した「のぞみ」東京行

新大阪寄り端部から見た三河安城駅

豊橋駅の上り線には第2停車線がある。新幹線保守用側線がホームまで延びている

上りホームから新大阪方を見る。下りホームは新大阪寄りにずれている

豊橋駅を通過した「のぞみ」東京行

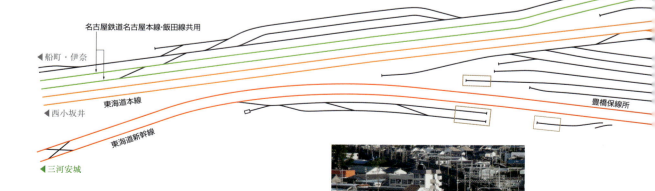

下り線側の保線所。本線は左に大きくカーブしている。その先の直線になったところにシーサスポイントがある

全国新幹線ライン | 31

新幹線上りホームから見た東海道本線三河安城駅。新幹線と斜めに交差している

三河安城駅に進入する「のぞみ」新大阪行。あとから停車線を設置したため、通過線である本線と停車線とは通常よりも離れている。また、本線は勾配があるが、停車線は水平にするため、分岐後、両線に高低差ができている

東京寄りから見た三河安城駅

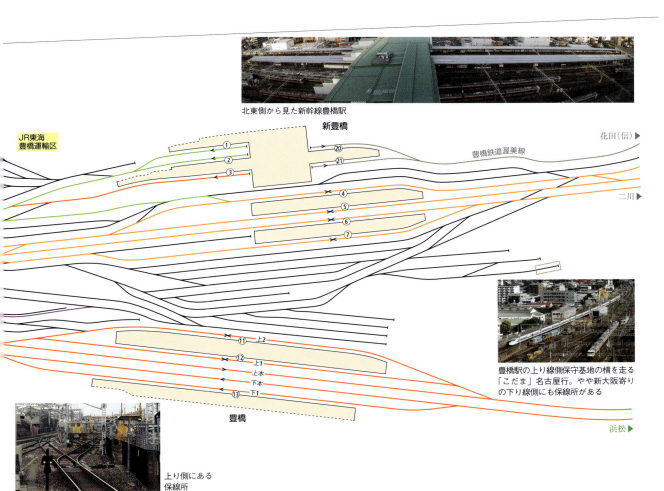
北東側から見た新幹線豊橋駅

豊橋駅の上り線側保守基地の横を走る「こだま」名古屋行。やや新大阪寄りの下り線側にも保線所がある

上り側にある保線所

全国新幹線ライン　東海道新幹線（浜松・掛川）

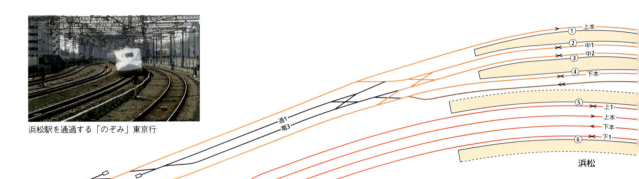

浜松駅を通過する「のぞみ」東京行

新大阪寄り上りホームから見た浜松駅

東京寄り下りホームから見た浜松駅

掛川駅の浜松寄りのずいぶん離れたところで上り停車線は分岐する

上り停車線と上下本線の3線区間を通過する「のぞみ」東京行

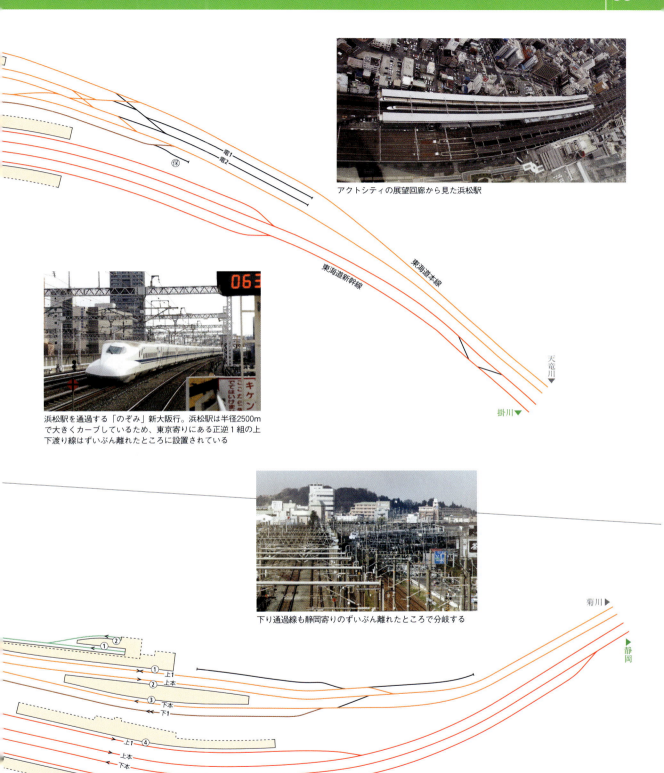

アクトシティの展望回廊から見た浜松駅

浜松駅を通過する「のぞみ」新大阪行。浜松駅は半径2500mで大きくカーブしているため、東京寄りにある正逆1組の上下渡り線はずいぶん離れたところに設置されている

下り通過線も静岡寄りのずいぶん離れたところで分岐する

全国新幹線ライン　東海道新幹線（静岡・新富士）

静岡駅を通過する「のぞみ」広島行（奥）

新大阪寄り上りホーム端部から見た静岡駅。右の下りホームは東京寄りにずれている

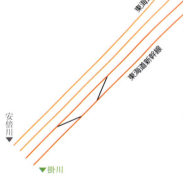
新大阪寄りにはすぐに半径2000mの規格外のカーブがあり、正逆1組の上下渡り線は直線になったところに設置しているため、駅から遠く離れている

新富士駅を通過する「のぞみ」東京行

新富士駅に進入する「のぞみ」東京行

新富士駅を通過する「のぞみ」博多行

全国新幹線ライン | 35

静岡駅ビルから見た静岡駅。奥の新幹線ホームは、上り線側が新大阪寄りにずれている

静岡駅の東京寄り。上りホームと下りホームの端部は同じ位置にあるが、上り線端部は1両分程度入れないようになっている。上りの停車線と通過線の合流ポイントがホームを出てすぐにあるため、その後、停車線の電車の過走防止のための0_3信号を設置したときに、新大阪寄りにホームを延伸して停車位置をずらしたためと思われる

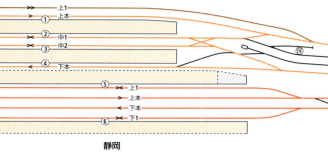

静岡

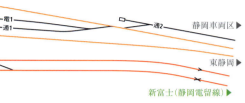

下りホームから見た静岡駅。右の上りホームはホーム有効長が16両編成以上の長さがあるが、東京寄り端部は柵で仕切り、車両が停車しない個所には立ち入れないようにしている

東京寄りの正方向渡りポイント。右の下り線は東京寄りにある静岡電留線まで逆線運転が可能

北側から見た新富士駅

新富士駅の三島寄り北側には日本製紙専用線が並行している

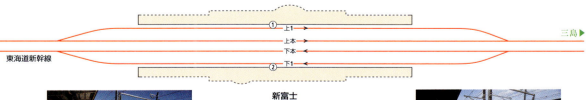

新富士

新大阪寄り上りホーム端部から見た新富士駅

東京寄り下りホーム端部から見た新富士駅

東海道新幹線（三島・三島保守基地）

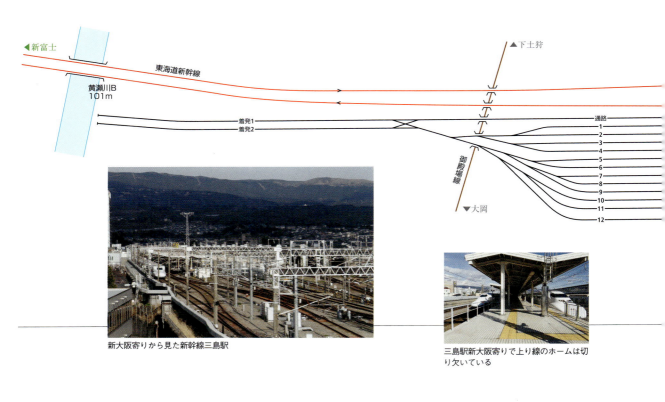

新大阪寄りから見た新幹線三島駅

三島駅新大阪寄りで上り線のホームは切り欠いている

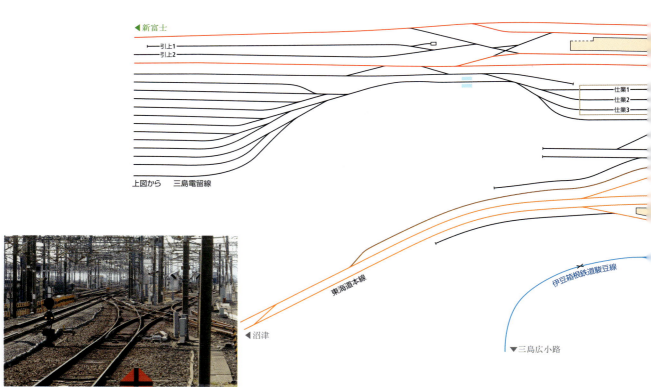

三島駅から新大阪方を見る。三島電留線が下り線側に広がっている

全国新幹線ライン | 37

三島駅を通過しようとする「のぞみ」新大阪行。東京寄り下り線側には保守基地がある

三島駅を通過しようとする「のぞみ」東京行

三島電留線

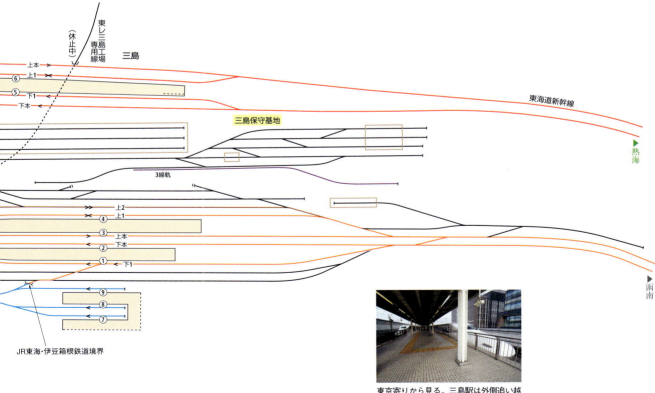

東京寄りから見る。三島駅は外側追い越しの島式ホーム1面4線となっている。上下停車列車は、ずれて停車する

全国新幹線ライン　東海道新幹線（熱海・小田原）

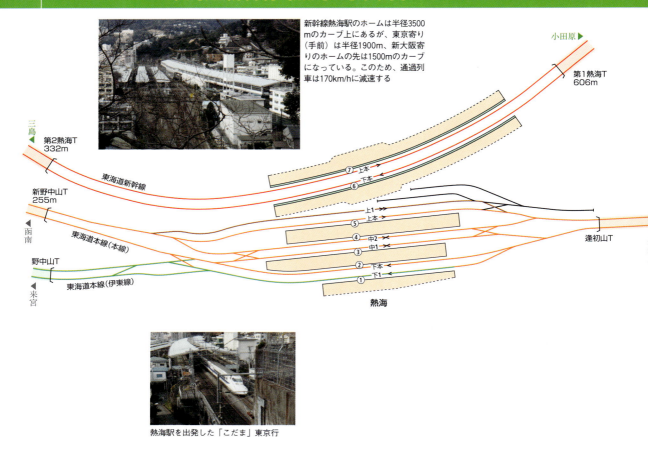

新幹線熱海駅のホームは半径3500mのカーブ上にあるが、東京寄り（手前）は半径1900m、新大阪寄りのホームの先は1500mのカーブになっている。このため、通過列車は170km/hに減速する

熱海駅を出発した「こだま」東京行

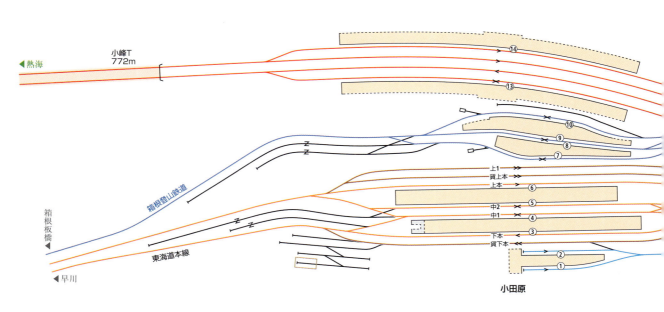

全国新幹線ライン | 39

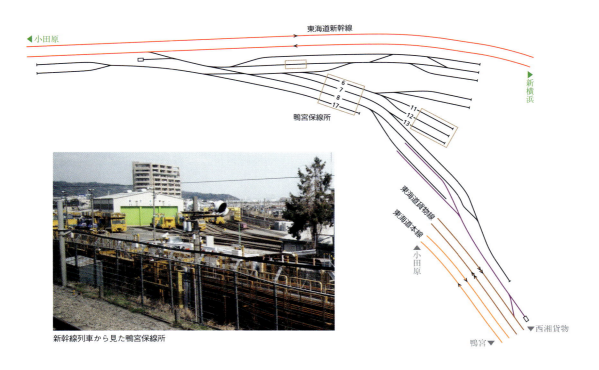

新幹線列車から見た鴨宮保線所

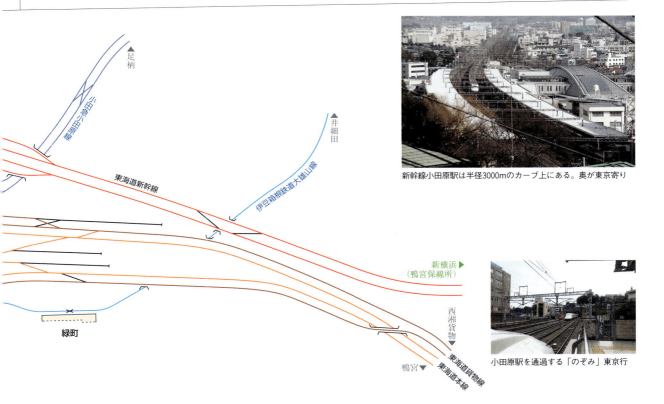

新幹線小田原駅は半径3000mのカーブ上にある。奥が東京寄り

小田原駅を通過する「のぞみ」東京行

40 全国新幹線ライン 東海道新幹線（新横浜・品川）

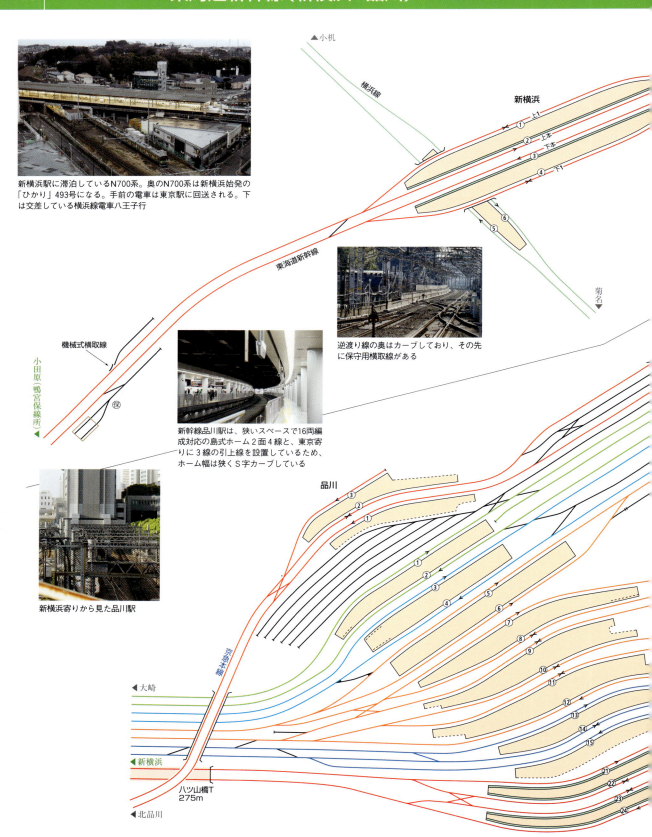

新横浜駅に滞泊しているN700系。奥のN700系は新横浜始発の「ひかり」493号になる。手前の電車は東京駅に回送される。下は交差している横浜線電車八王子行

逆渡り線の奥はカーブしており、その先に保守用横取線がある

新幹線品川駅は、狭いスペースで16両編成対応の島式ホーム2面4線と、東京寄りに3線の引上線を設置しているため、ホーム幅は狭くS字カーブしている

新横浜寄りから見た品川駅

全国新幹線ライン | 41

東京寄りから見た新横浜駅。ホームドアは内側の上下本線側に設置されている

国道1号寄りのレストランから見た品川駅

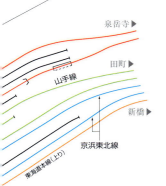
引上線1と2の間には職員用ホームがある

東側の都の芝浦水再生センターから見た下り線と引上線。上は駅ビルのアトレの納品車用通路となっている

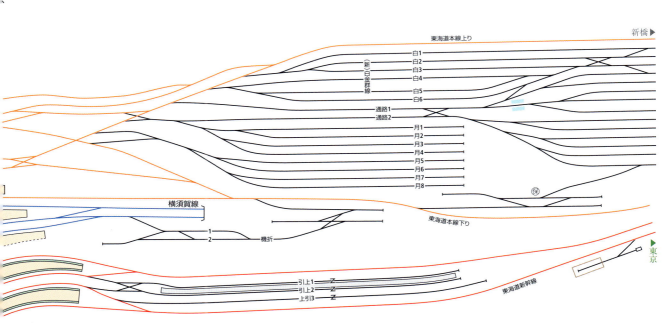

42 | 全国新幹線ライン 東海道新幹線（東京）／東北新幹線（東京・上野）／上越

有楽町寄りから見た東京駅全景

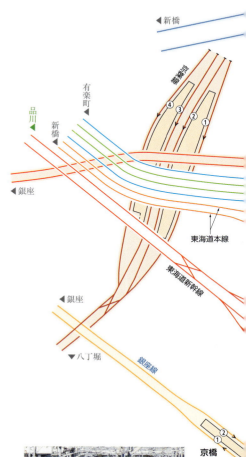

東京国際フォーラムから見た東京駅

グラントウキョウ ノースタワーから東京駅の上野寄りを見る

同・有楽町寄りを見る

シーサスポイントの向こうは首都高速の橋脚のために上下線の間隔が開いている

有楽町寄りから見た東京駅新幹線ホーム

東京駅の東北新幹線ホームから上野寄りを見る

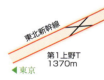

新幹線(東京・上野)／北陸新幹線(東京・上野)

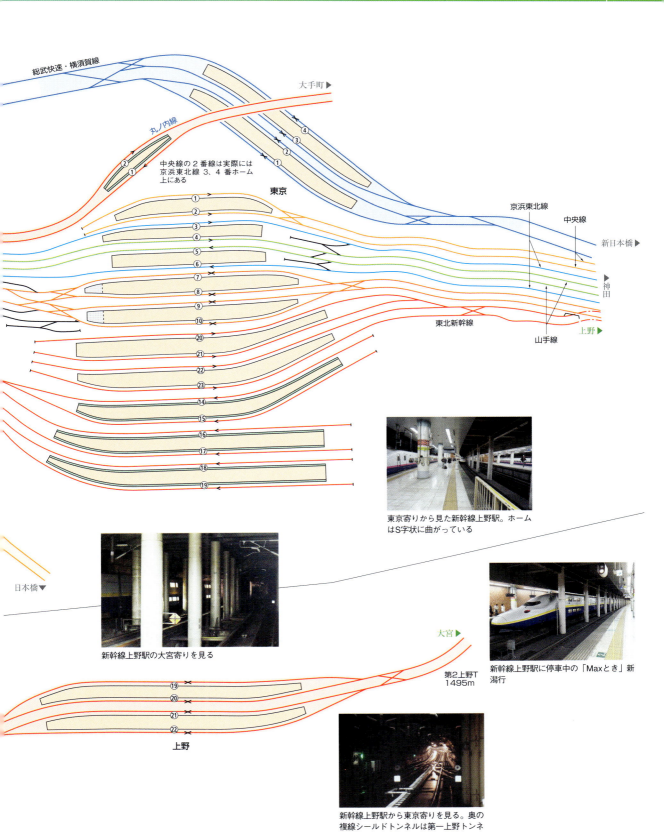

44 全国新幹線ライン　東北新幹線（大宮・小山・宇都宮）／上越新幹線（大宮）／

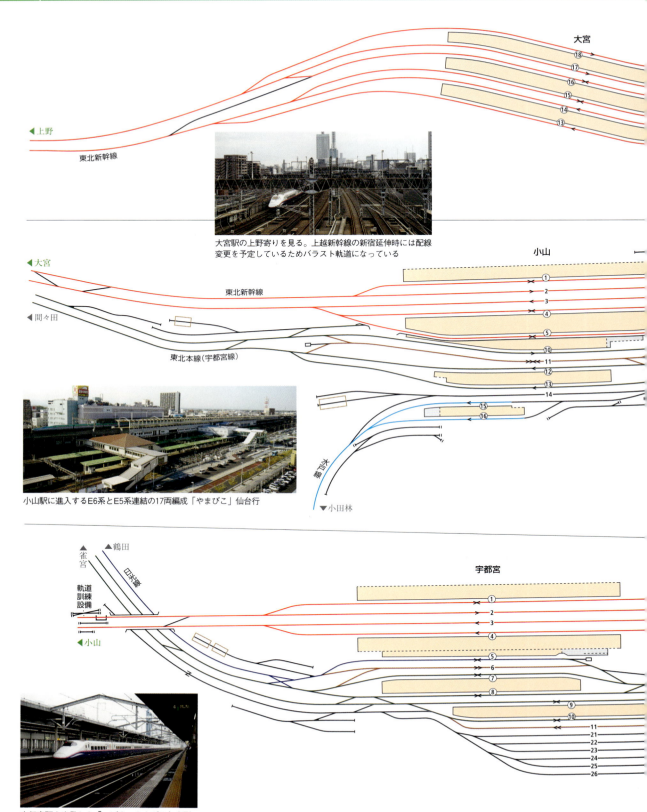

大宮駅の上野寄りを見る。上越新幹線の新宿延伸時には配線変更を予定しているためバラスト軌道になっている

小山駅に進入するE6系とE5系連結の17両編成「やまびこ」仙台行

宇都宮駅を出発した「つばさ・やまびこ」山形・仙台行

北陸新幹線（大宮）

全国新幹線ライン | 45

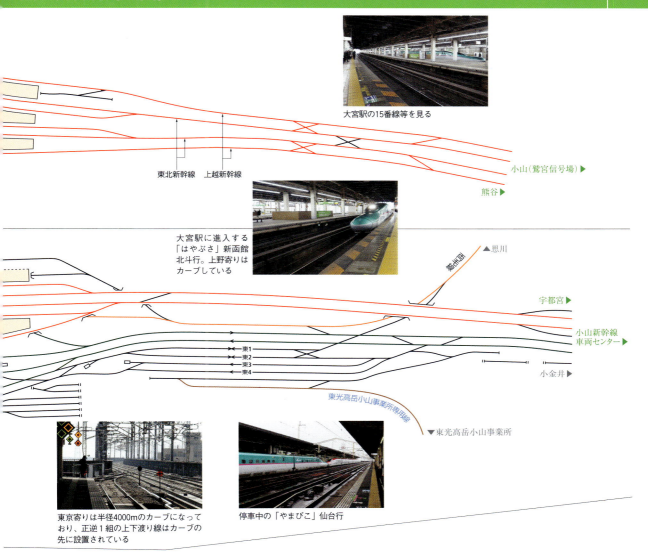

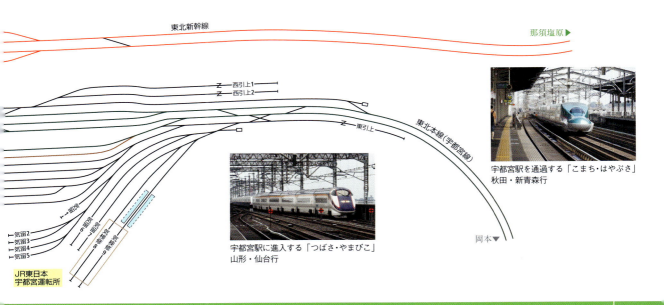

全国新幹線ライン　東北新幹線（那須塩原・新白河・郡山）

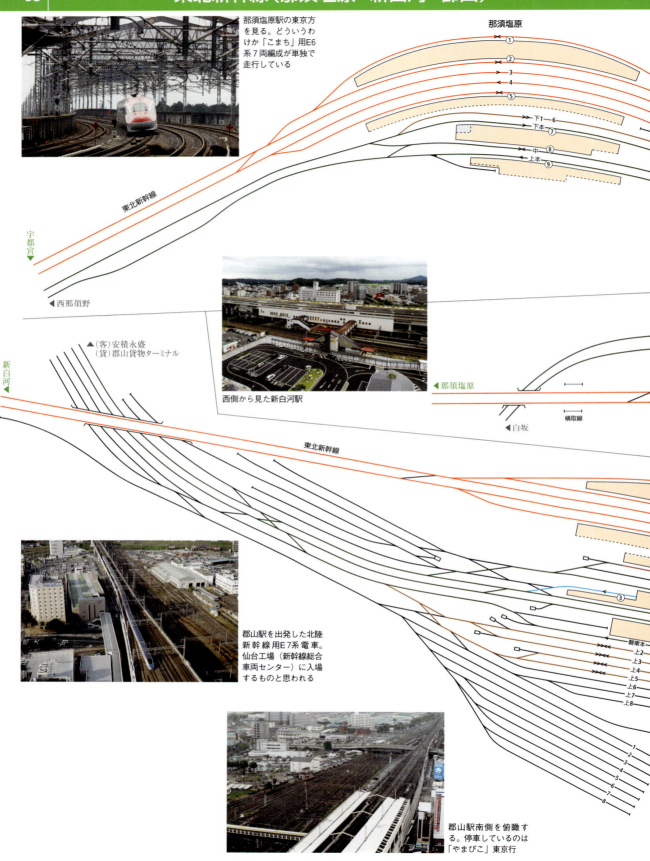

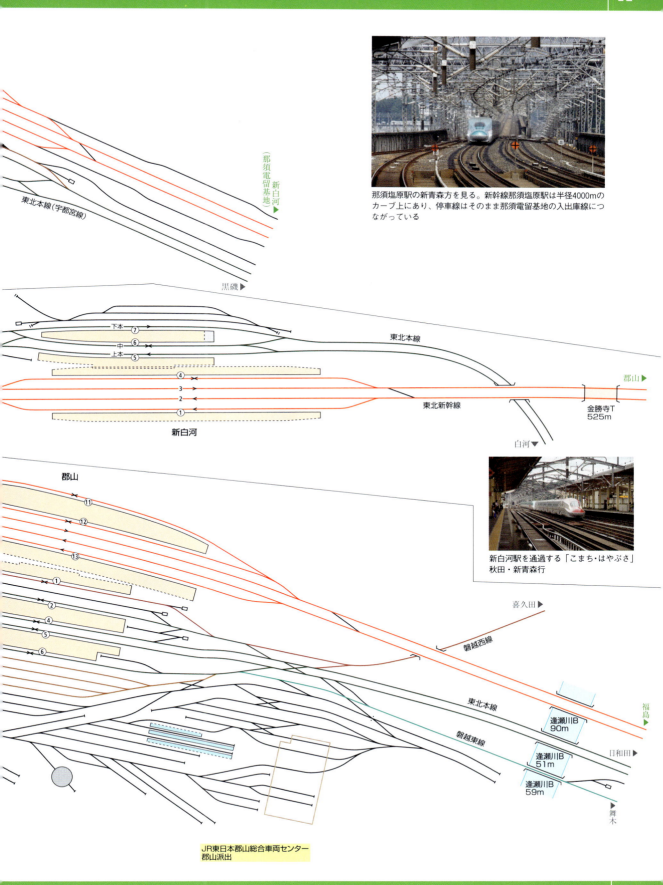

全国新幹線ライン　東北新幹線（福島・白石蔵王・白石蔵王保守基地）

福島駅を通過する、「こまち」を連結しない最速タイプの「はやぶさ」4号

福島駅から信夫山トンネルまでの間の東北新幹線の両側は、緑地帯や空き地等が続いている。これは基本計画新幹線である奥羽新幹線を信夫山トンネルまで並行させ、信夫山トンネル内で分岐することが考えられているためである

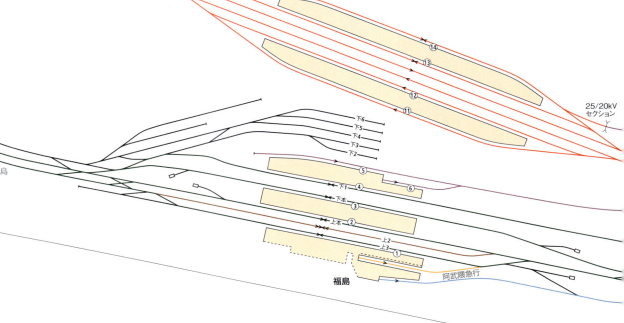

盛岡寄りから見た白石蔵王保守基地

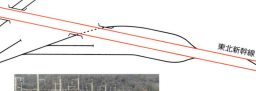

白石蔵王駅の東京寄りには保守基地への出入線がある

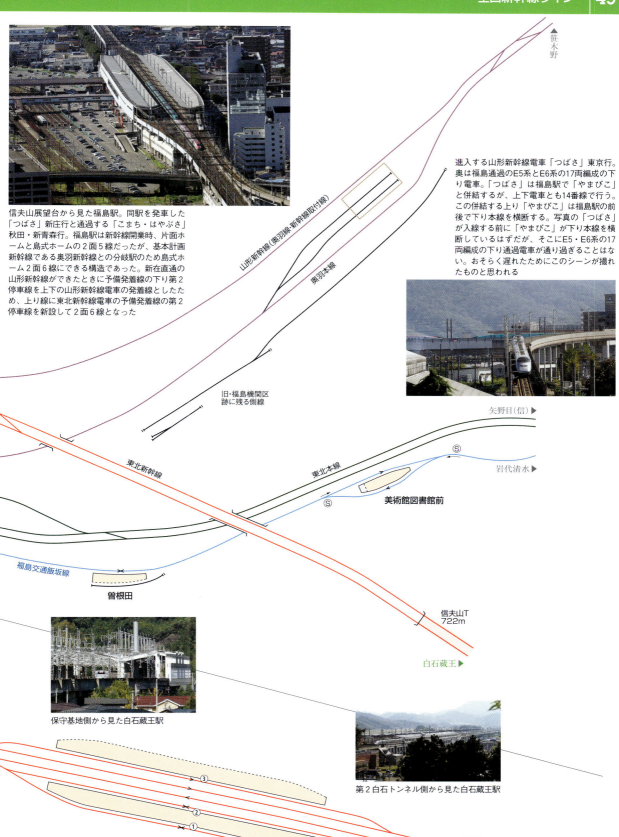

全国新幹線ライン　東北新幹線（仙台・古川）

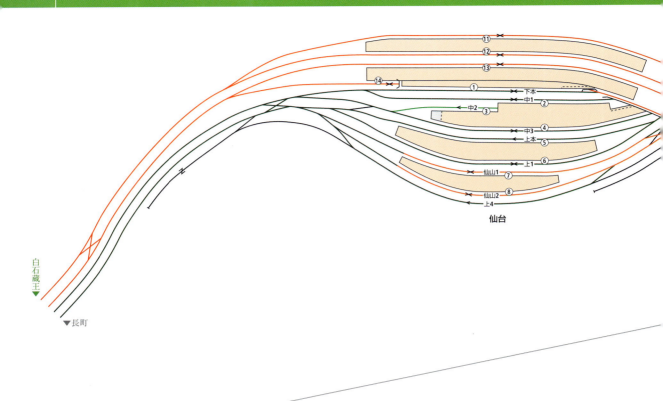

西側から見た古川保守基地

古川駅の上りホームの反対側に13番線の路盤が用意されている

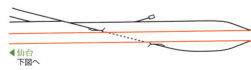

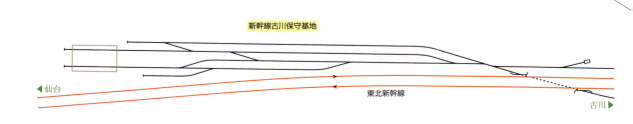

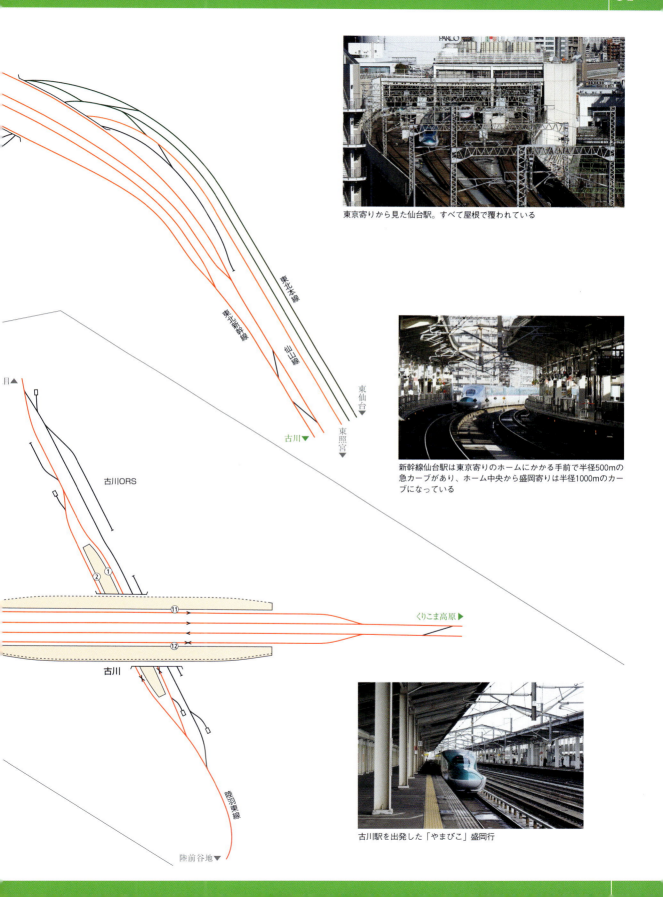

東京寄りから見た仙台駅。すべて屋根で覆われている

新幹線仙台駅は東京寄りのホームにかかる手前で半径500mの急カーブがあり、ホーム中央から盛岡寄りは半径1000mのカーブになっている

古川駅を出発した「やまびこ」盛岡行

52　全国新幹線ライン　東北新幹線（くりこま高原・一ノ関・水沢江刺）

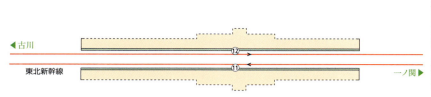

くりこま高原駅に進入する「やまびこ」東京行

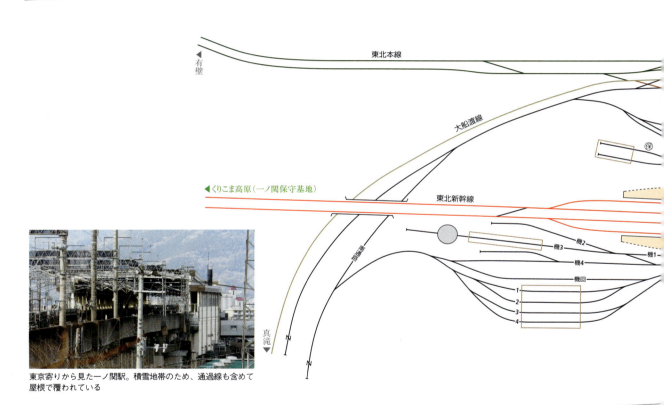

東京寄りから見た一ノ関駅。積雪地帯のため、通過線も含めて屋根で覆われている

水沢江刺駅に停車するE5系10両編成による「やまびこ」東京行。その向こうは16両編成用に延伸したものの、屋根はホーム部分のみになっている

東側から見た水沢江刺駅。左側の東京寄り6両分は、後からホームを延伸したため通過線に屋根がない

全国新幹線ライン | 53

くりこま高原駅を320km/hで通過する「こまち・はやぶさ」秋田・新青森行

くりこま高原駅はホームドア付きの相対式ホーム2面2線

山ノ目▲

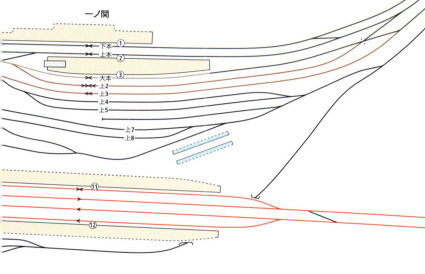

一ノ関駅の12番線の東京寄りで通過待ちをする「やまびこ」（左）と、通過線で追い越す「はやぶさ・こまち」（右）

水沢江刺▶

一ノ関駅に進入する「こまち・はやぶさ」秋田・新青森行

東北新幹線

◀一ノ関　　北上▶

水沢江刺

全国新幹線ライン　東北新幹線（北上・新花巻）

北上駅に進入する「やまびこ」東京行。北上駅は下り線側に第2停車線がある

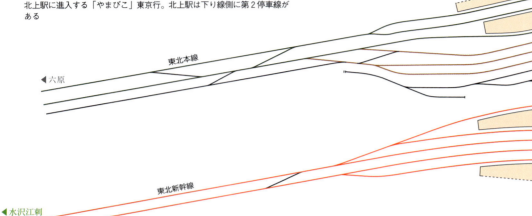

新花巻駅で釜石線と新幹線は交差しているが、駅舎は別々で両線の乗り換えは県道を渡らなくてはならない

新花巻駅の下り1番線側から盛岡方を見る。相対式ホーム2面2線なのでホームドアになっているが、さらにE6系が停車するところはホームドアがない駅と同様に柵と赤帯がホーム端に設置されている

同・東京方を見る。水沢江刺駅と同様にホームを延伸したもののホーム部分にしか屋根がない

全国新幹線ライン 55

東横イン北上駅新幹線口から盛岡方を見る。新幹線は北上駅構内で右にカーブし、東北本線は駅を出てから左にカーブして、両線は離れていく

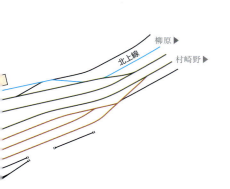

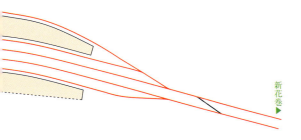

新幹線北上駅は半径5000mのカーブ上にある

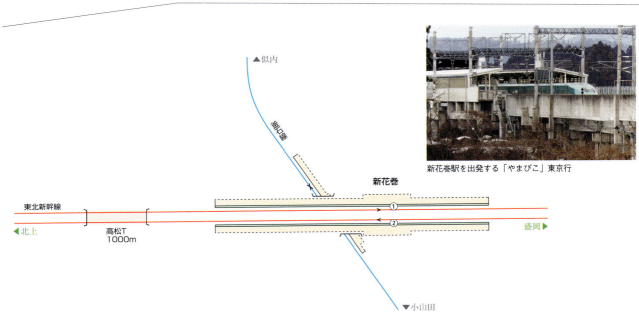

新花巻駅を出発する「やまびこ」東京行

56 全国新幹線ライン　東北新幹線（盛岡・いわて沼宮内）

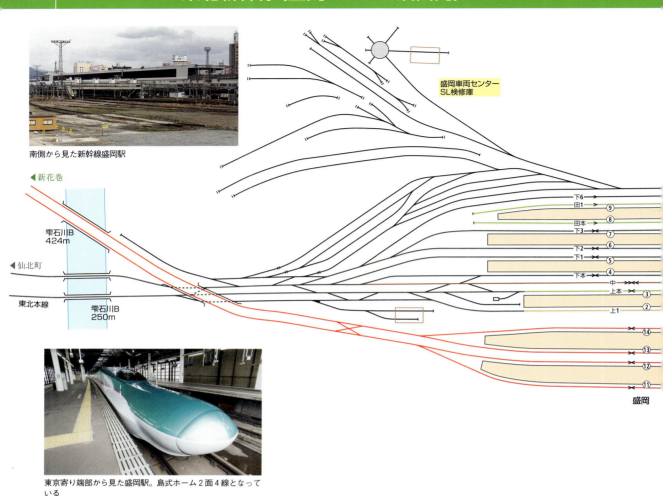

南側から見た新幹線盛岡駅

東京寄り端部から見た盛岡駅。島式ホーム2面4線となっている

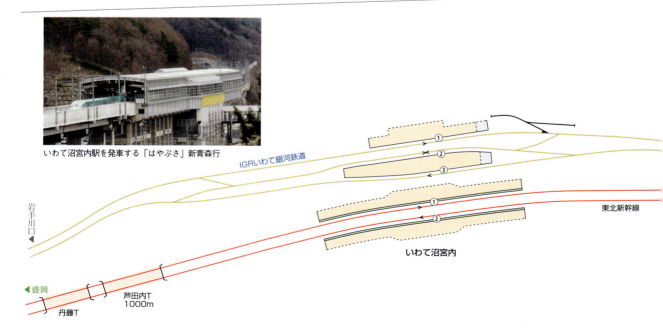

いわて沼宮内駅を発車する「はやぶさ」新青森行

全国新幹線ライン | 57

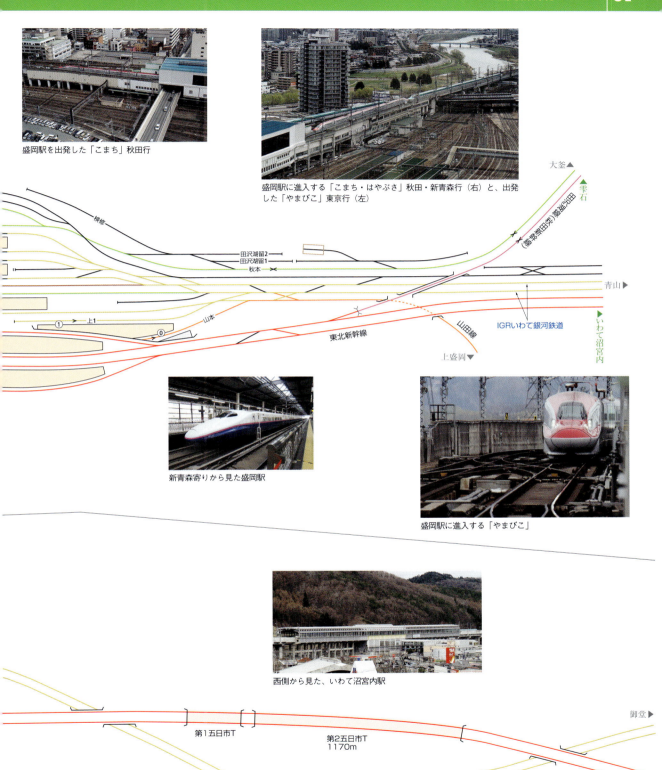

全国新幹線ライン 東北新幹線（二戸・八戸）

展望タワーから見た二戸駅の東京寄り

二戸駅西側にある「カシオペアメッセ・なにゃーと」の展望タワーから八戸方向を見る。二戸駅通過の「はやぶさ」7号新青森行（左）、同駅停車の「はやぶさ」16号東京行、そして奥に上りコンテナ貨物列車が走っている。なんとか先頭を合わせようとしたが、速すぎて不可能だった

東京寄りから見た二戸駅

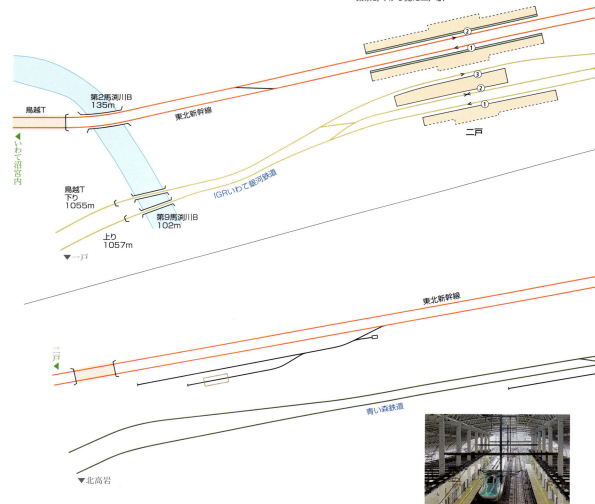

八戸駅のコンコースから東京方を見る

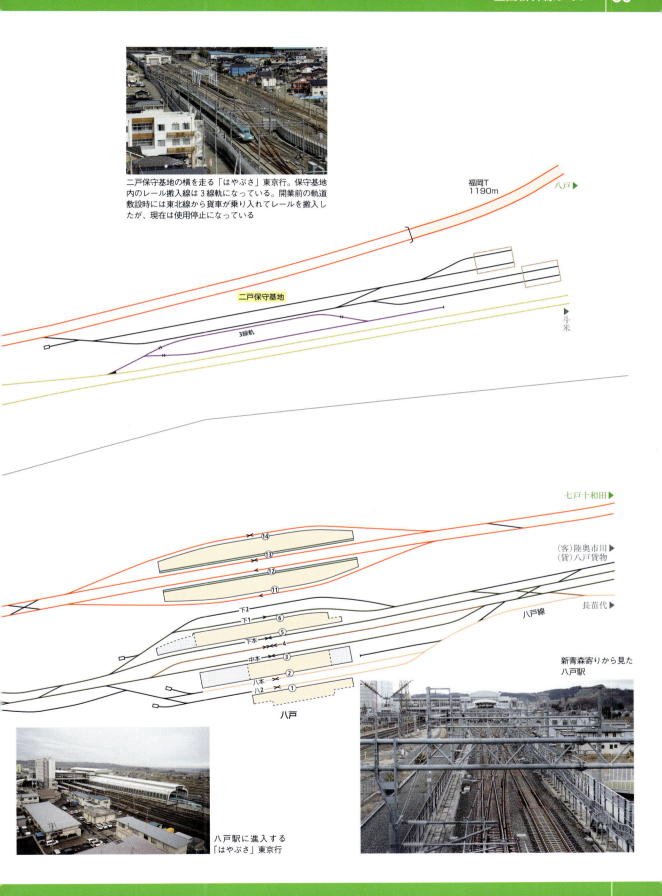

二戸保守基地の横を走る「はやぶさ」東京行。保守基地内のレール搬入線は3線軌になっている。開業前の軌道敷設時には東北線から貨車が乗り入れてレールを搬入したが、現在は使用停止になっている

新青森寄りから見た八戸駅

八戸駅に進入する「はやぶさ」東京行

60 全国新幹線ライン　東北新幹線（七戸十和田・七戸保守基地・新青森）／北海

東京寄りから見た七戸十和田駅

新青森寄りには、スノーシェルターで覆われた保守基地への出入線と逆方向の上下渡り線がある

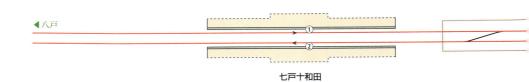

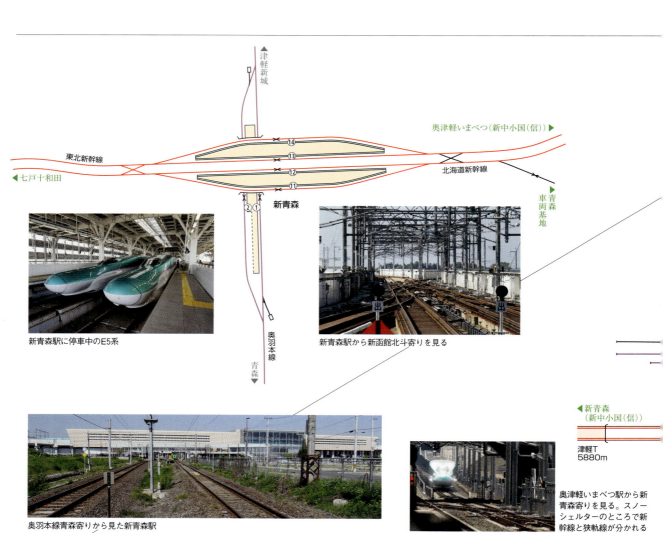

道新幹線（新青森・奥津軽いまべつ）

全国新幹線ライン 61

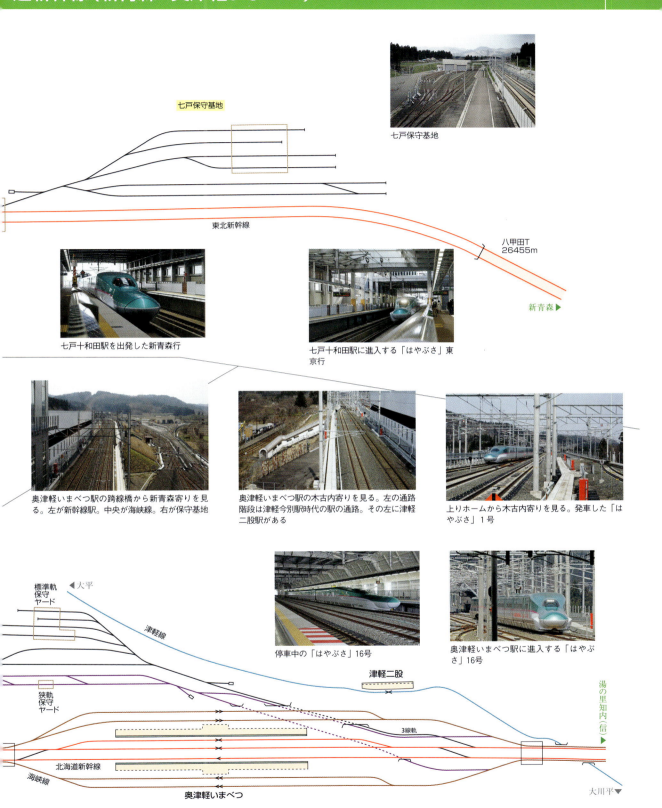

全国新幹線ライン　北海道新幹線（木古内・新函館北斗）

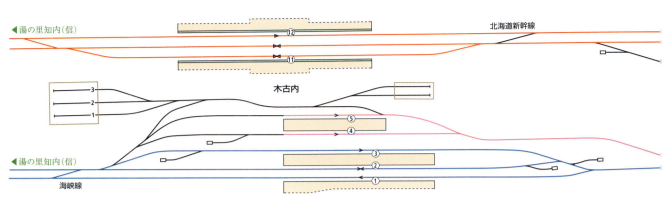

木古内駅に進入する「はやぶさ」5号新函館北斗行

木古内駅構内。通過しているのは「はやぶさ」8号

七飯岳から見た新函館北斗駅。「はやて」91号が進入中

新函館北斗駅付近を走る「はやぶさ」93号

新函館北斗駅に進入する「はやて」93号

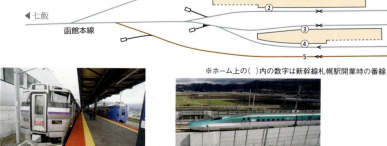

「はこだてライナー」函館行（左）と「スーパー北斗」11号札幌駅（右）

「はやて」93号

※ホーム上の（ ）内の数字は新幹線札幌駅開業時の番線

全国新幹線ライン | 63

新函館北斗 ▶

道南いさりび鉄道

札苅 ▶

木古内駅に進入する「はやぶさ」22号東京行

木古内駅を通過したJR東日本の新幹線電気・軌道総合試験電車「イーストアイ」E926形

新函館北斗駅の手前に函館総合車両基地の入出庫線がつながっている

頭端部は路盤のみ完成しているがレールは敷かれていない。左は「スーパー北斗」7号

頭端側から見た「はやて」93号（右）と「はやぶさ」6号

仁山 ▶

新幹線の12番線側から見た連絡改札口。平面で在来線と結ばれている

在来線の2番線から見た新幹線連絡改札口

3番線に進入する「はこだてライナー」

全国新幹線ライン 北陸新幹線（福井・金沢・新高岡）

えちぜん鉄道の1番線側の引上線

同・1番線に停車中の勝山発

北陸新幹線は高崎―金沢間が開通し、福井駅まではまだ開通していないが、先行投資として新幹線福井駅の一部路盤が完成している。並行するえちぜん鉄道の高架工事が開始され、仮線として新幹線駅を借用して営業している。また、福井鉄道も福井駅西口広場に乗り入れ、二次交通は充実している

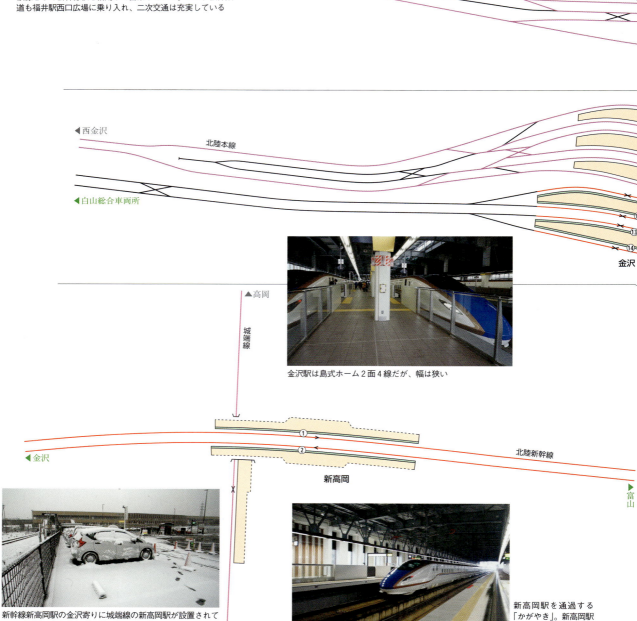

金沢駅は島式ホーム2面4線だが、幅は狭い

新幹線新高岡駅の金沢寄りに城端線の新高岡駅が設置されている。雨雪にさらされずに乗り換えが可能である

新高岡駅を通過する「かがやき」。新高岡駅は緩いカーブ上にある

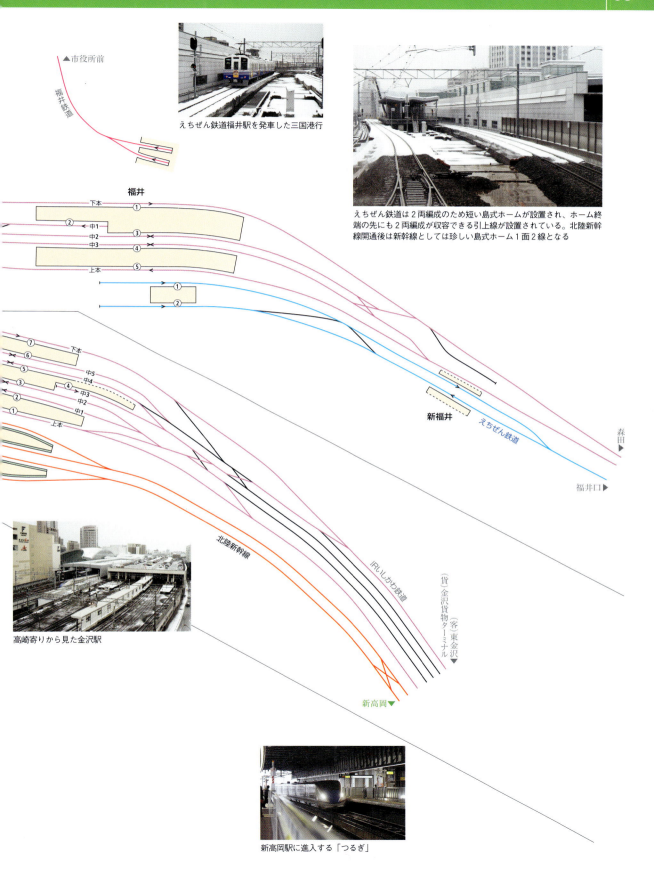

えちぜん鉄道福井駅を発車した三国港行

えちぜん鉄道は2両編成のため短い島式ホームが設置され、ホーム終端の先にも2両編成が収容できる引上線が設置されている。北陸新幹線開通後は新幹線としては珍しい島式ホーム1面2線となる

高崎寄りから見た金沢駅

新高岡駅に進入する「つるぎ」

全国新幹線ライン　北陸新幹線（富山・富山保守基地・黒部宇奈月温泉）

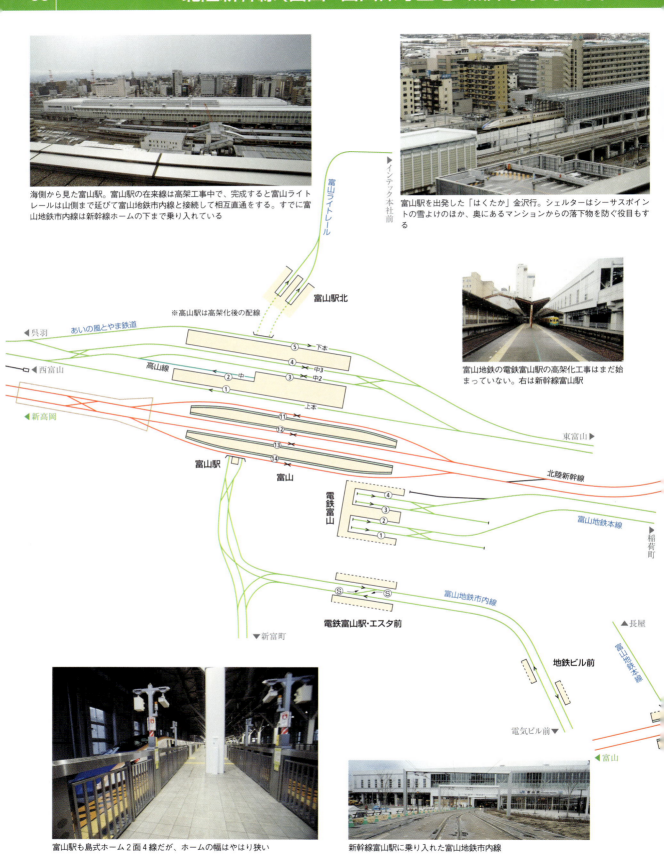

全国新幹線ライン　67

▲黒部宇奈月温泉

旧北陸本線、現あいの風とやま鉄道は上り線だけが高架になっている

富山保守基地

下り線が高架になっていないために、富山駅で折り返しはできず、呉羽駅まで回送されて折り返している

切欠きホームの2番線は高山線列車発着用。停車しているのは特急「ワイドビューひだ」

地平のままの下り線。ここでも折り返しができないために東富山駅まで回送される。なお、配線図は高架化完工後のもの

黒部保守基地

黒部宇奈月温泉駅に進入する「はくたか」570号東京行

富山寄りから見た黒部保守基地

▶糸魚川

北陸新幹線

黒部宇奈月温泉

新黒部

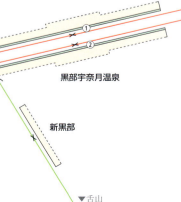

富山地鉄本線は北陸新幹線に隣接して駅を設置したが、北陸新幹線の開通前の仮称駅名である新黒部を駅名にしている。右側に黒部峡谷鉄道の保存展示車が見える

黒部宇奈月温泉駅を通過する「かがやき」510号

▼舌山

全国新幹線ライン　北陸新幹線（糸魚川・上越妙高・飯山）

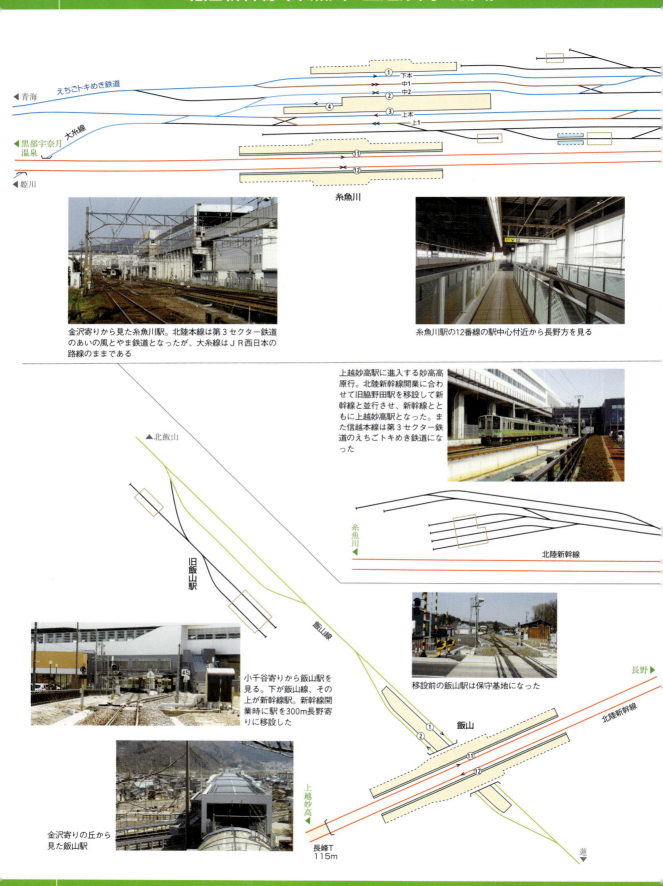

全国新幹線ライン | 69

▶梶屋敷

北陸新幹線

▶上越妙高

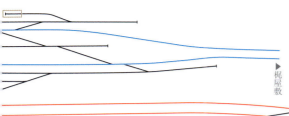

新幹線糸魚川駅の高架下には「糸魚川ジオステーションジオパル」というミュージアムがあり、そこには大糸線で走っていたキハ52形が動態保存されている

南口側歩道等にジオパルから線路が伸びており、イベント時などにキハ52形が小形MCによってゆっくりと数メートル引き出される

▲南高田

上越妙高駅の金沢寄りは非常に狭くなっている

長野寄りは幅が広くなっている

上越妙高

飯山▶

▶北新井

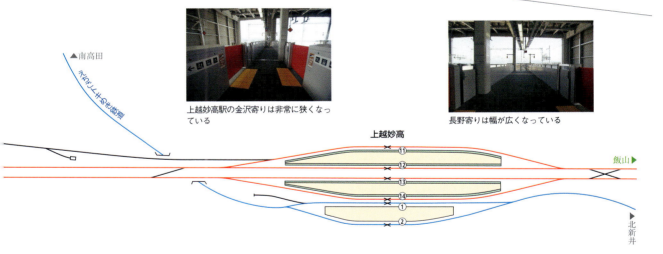

えちごトキめき鉄道の直江津寄りを見る。信越本線時代の脇野田駅は新幹線高架橋の反対側にやや離れてあった

西側から見た上越妙高駅

同・妙高高原寄りを見る。右カーブした先から元の信越本線の線路になっている

全国新幹線ライン　北陸新幹線（長野・上田・佐久平・軽井沢・安中榛名）

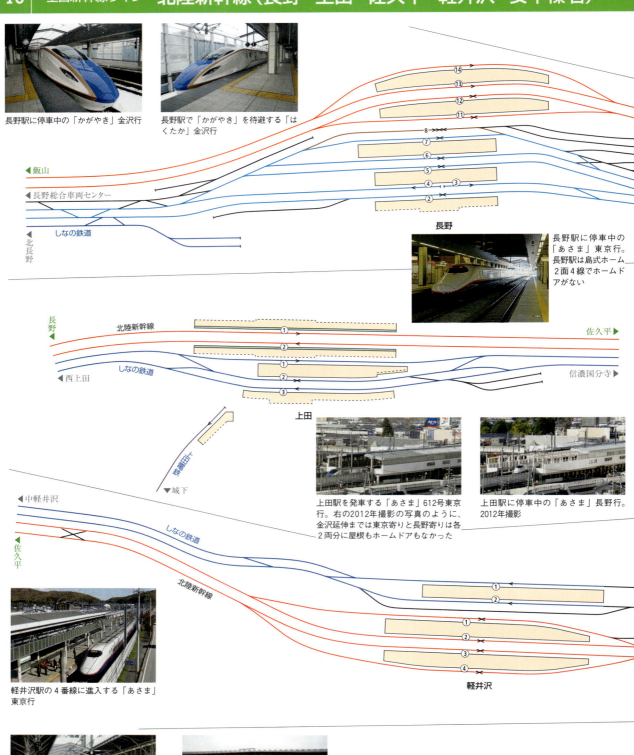

長野駅に停車中の「かがやき」金沢行

長野駅で「かがやき」を待避する「はくたか」金沢行

長野駅に停車中の「あさま」東京行。長野駅は島式ホーム2面4線でホームドアがない

上田駅を発車する「あさま」612号東京行。右の2012年撮影の写真のように、金沢延伸までは東京寄りと長野寄りは各2両分に屋根もホームドアもなかった

上田駅に停車中の「あさま」長野行。2012年撮影

軽井沢駅の4番線に進入する「あさま」東京行

軽井沢駅に停車中の「あさま」606号東京行

安中榛名駅を通過する「あさま」600号東京行

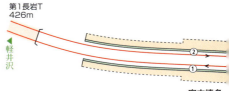

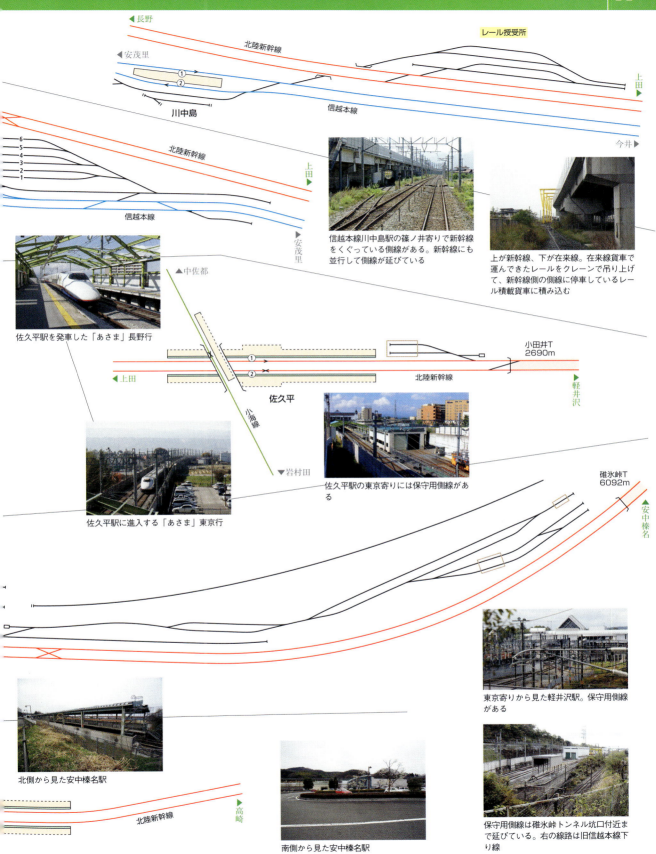

全国新幹線ライン 上越新幹線（新潟・燕三条・長岡）

新潟駅は島式ホーム2面4線

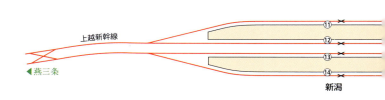

燕三条駅。下り線から新潟方向を見る。上り線に第2停車線がある2面5線のホーム

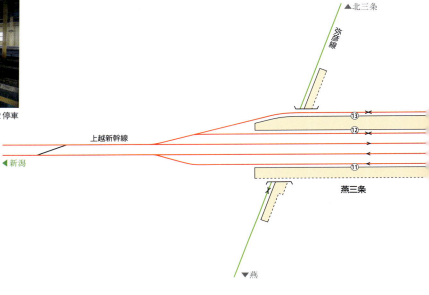

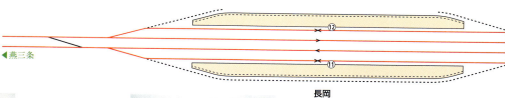

長岡駅の東京寄りを見る。基本計画新幹線である羽越新幹線との接続駅になるため、島式ホーム2面6線にできるようにしてある

長岡駅の東京寄りを見る

全国新幹線ライン

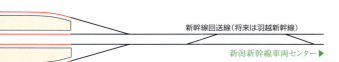
新幹線回送線（将来は羽越新幹線）
新潟新幹線車両センター ▶

新潟駅から回送線を見る。正逆2つの渡り線がある

上り線長岡寄りに保守用側線がある

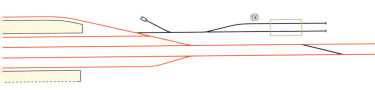
▶ 長岡

▶ 浦佐
上越新幹線

長岡駅の端部の第2停車線の路盤は用意されている

長岡駅はすでに島式ホームとしてできあがっている。しかし、路盤のうち中央部分は未完成

全国新幹線ライン　上越新幹線（浦佐・越後湯沢・(臨)ガーラ湯沢・上毛高原）

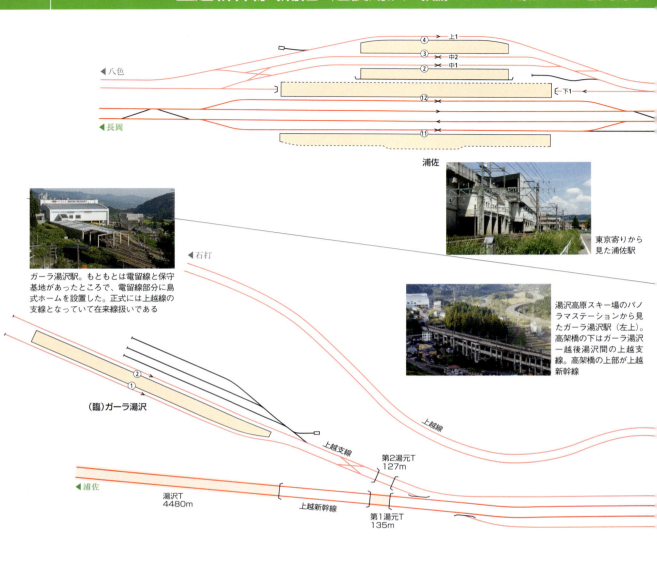

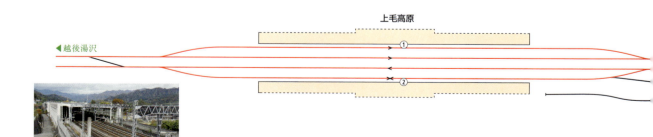

東京寄りから見た上毛高原駅

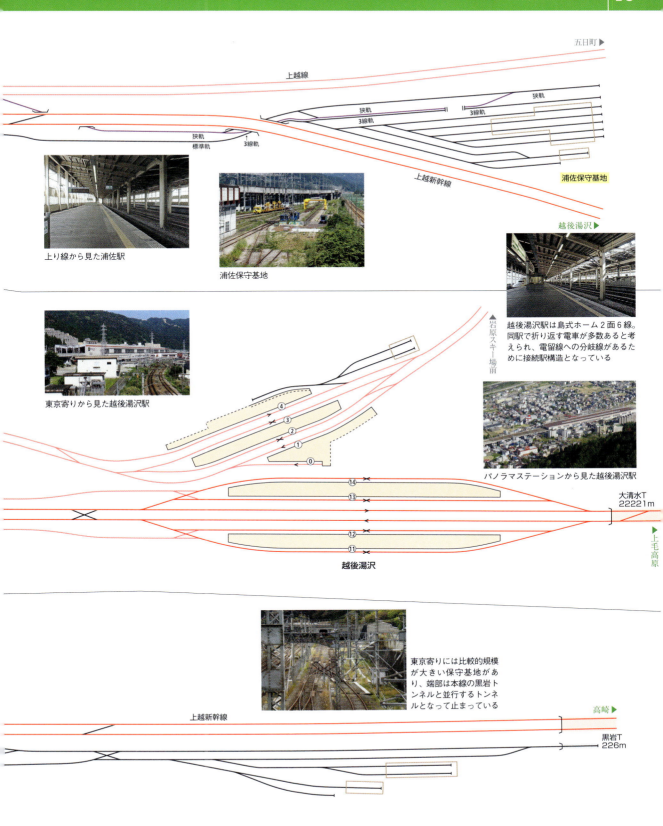

76 全国新幹線ライン　上越新幹線（高崎・本庄早稲田・熊谷）／北陸新幹線（高崎・

高崎駅に進入する「あさま」東京行。上りの北陸新幹線電車は、上越新幹線と合流するときは速度制限を受けないが、高崎駅の東京寄りで上越新幹線と合流するポイントでは70km/hまで落とす

高崎駅の新潟・金沢方を見る。レール授受所があって、地上の在来線貨車からクレーンでレールを吊り上げる。第2停車線と第1停車線が合流し、少し距離を空けて通過線に合流している。本来は右の上り線と同様、上越新幹線と北陸新幹線とが分岐するところまで複線（上下合わせると複々線）とするように設計され、用地の大半は確保されているが、一部まだ確保されていない個所があるために、下り線については単線で進み、分岐点に38番分岐器を設置、分岐側の北陸新幹線は160km/hで通過できるようにした

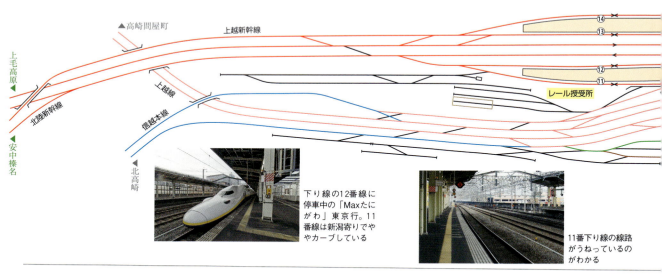

下り線の12番線に停車中の「Maxたにがわ」東京行。11番線は新潟寄りでややカーブしている

11番下り線の線路がうねっているのがわかる

本庄早稲田駅に進入する「あさま」長野行

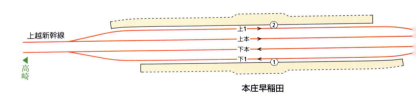

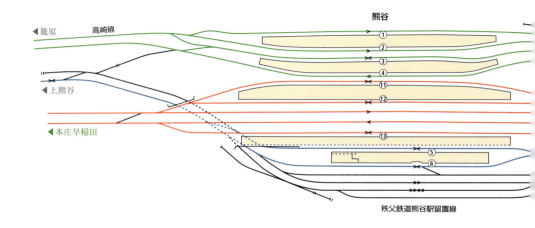

本庄早稲田・熊谷

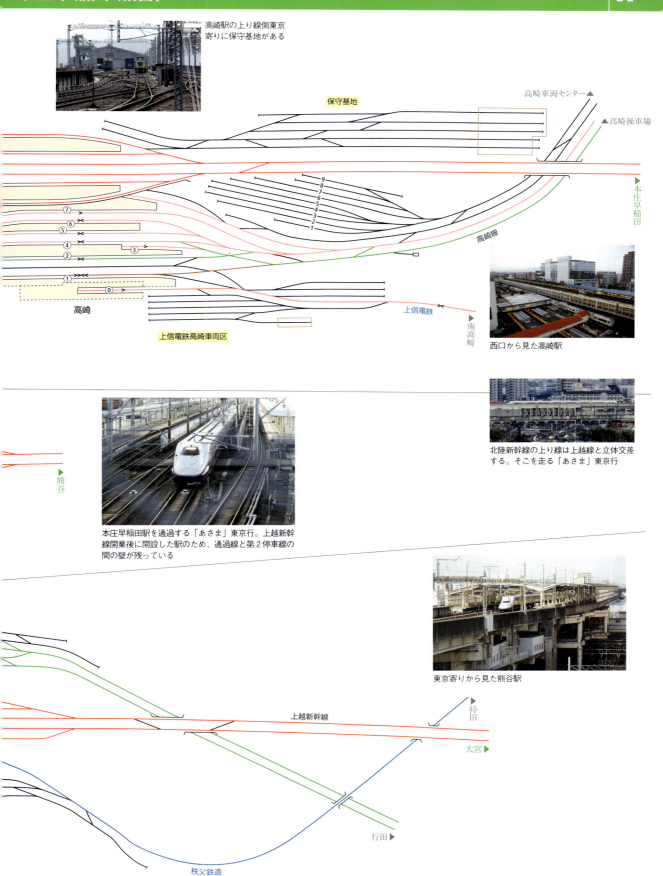

東京駅
右から3面のホームが東海道新幹線で、右端を除いて新幹線電車が在線しているか出発中である。その隣の2面のホームが東北新幹線で、E2系2本とE7系1本が停車している

特集

最新 全国新幹線を俯瞰する

川島令三

特集　最新　全国新幹線を俯瞰する

新水俣—出水間を走る「さくら」新大阪行。奥に天草の角山が見えている

熊本駅に進入する回送電車。熊本駅からは「つばめ」博多行になる

九州新幹線

並行する鹿児島本線羽犬塚駅付近を走る「つばめ」博多行

久留米駅を発車して筑後川を渡る「つばめ」博多行（左）と鹿児島本線下り電車（右）。中央やや左側の鉄橋の奥はアンダーパスできるよう径間が長くなっているが、ここに都市計画道路は通らないとされている。とすると、九州新幹線西九州ルート（旧長崎ルート）の久留米側から長崎方面への連絡線のためかと、うがった見方をしてしまう

特集　最新　全国新幹線を俯瞰する　81

広島駅に進入する923形新幹線電気・軌道総合検測車「ドクターイエロー」（右）と700系ひかりレールスター使用の「こだま」（左）

山陽新幹線三原―東広島間、山陽本線本郷―河内間の沼田川沿いで交差しようとする「こだま」と貨物列車

相生―岡山間の吉井川橋梁を渡る「のぞみ」東京行。柵はあるものの防音壁がなく車体の下回りまで写し込みができる橋梁である

山陽新幹線

京都―新大阪間で阪急京都線と並行する。東海道新幹線が開通する前、阪急京都線のこの並行区間の上牧―大山崎間を高架にすることになり、新幹線線路を仮線にして工事を行った。新幹線線路に最初に乗ったのは阪急京都線の乗客たちである

三島―新富士間を走るN700系新幹線電車

東海道新幹線

山手線品川―田町間のレストランから見た東海道新幹線。奥は大井回送線、手前は東海道新幹線本線、その手前は縮小された田町車両基地

伊吹山ドライブウェイから見た関ケ原越えをする新幹線電車（手前）と東海道本線特急「しらさぎ」

小田原駅の東側の山裾から見た新幹線電車

特集　最新　全国新幹線を俯瞰する

越後湯沢駅に進入する「Maxとき」東京行

本庄早稲田駅に進入する「Maxとき」新潟行

上越新幹線

上越新幹線と北陸新幹線との立体交差区間。上を走っているのが北陸新幹線「あさま」

東北新幹線

那須塩原駅に進入して東京方面に向かうE6系。通常はE5系の後方、青森寄りに連結して17両編成で走るが、どういうわけかE6系単独の7両編成で通過していった

八戸駅に進入するJR北海道所属のH5系による「はやぶさ」17号新青森行。H5系はかならずしも新函館北斗発着とはならない

信夫山展望台から見た福島駅。通過する17両編成の「こまち・はやぶさ」秋田・新青森行と発車した「つばさ」山形行

特集　最新　全国新幹線を俯瞰する

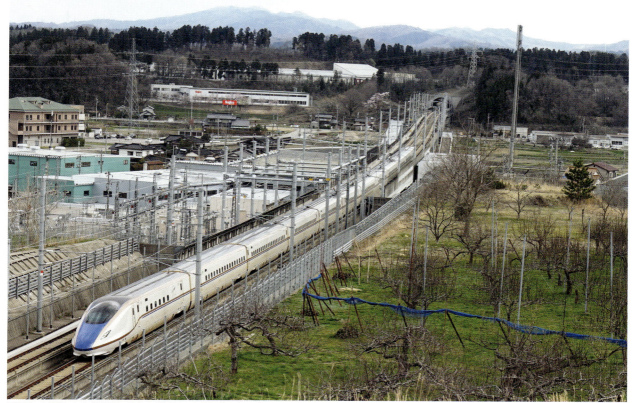

新高岡―金沢間にある「新幹線の見える丘公園」から見た「かがやき」521号金沢行。奥が津幡運動公園

北陸新幹線

「新幹線の見える丘公園」の入口にある看板

上田駅を出発した「はくたか」558号東京行

高崎駅を出発し金沢方面に向かう「はくたか」

八甲田トンネルに向かって走る「はやて」東京行

全国新幹線ライン　九州新幹線（熊本総合車両所・博多総合車両所）／山陽

熊本総合車両所の電留線群を見る

新幹線（博多南）

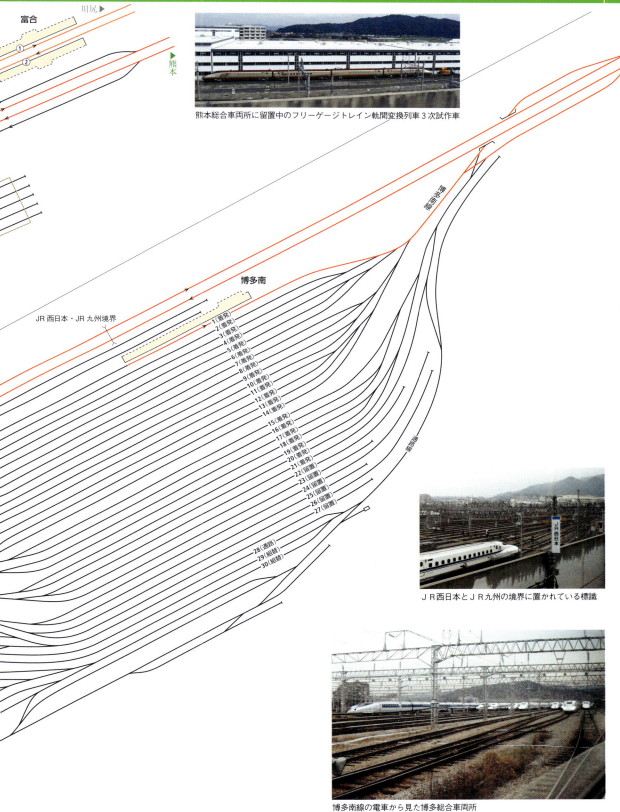

熊本総合車両所に留置中のフリーゲージトレイン軌間変換列車3次試作車

JR西日本とJR九州の境界に置かれている標識

博多南線の電車から見た博多総合車両所

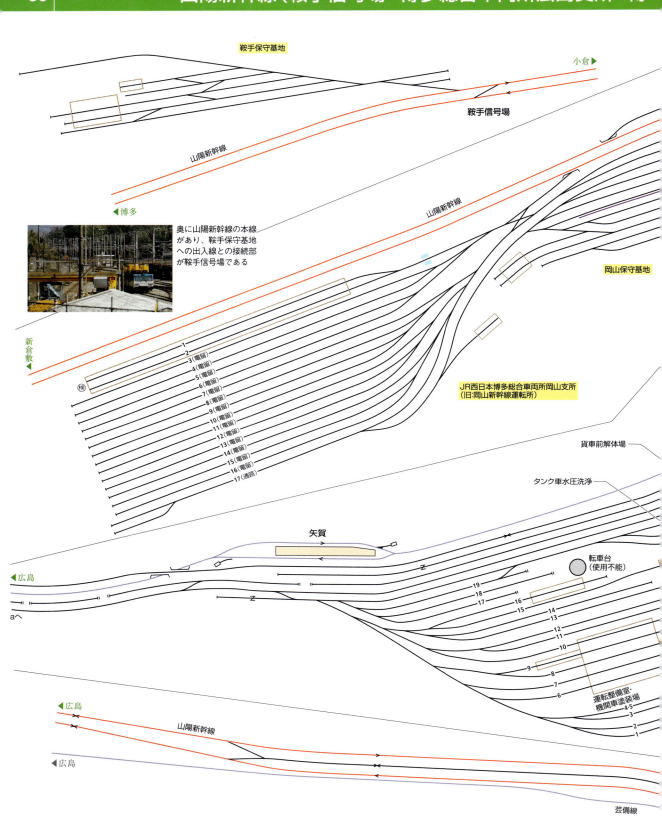

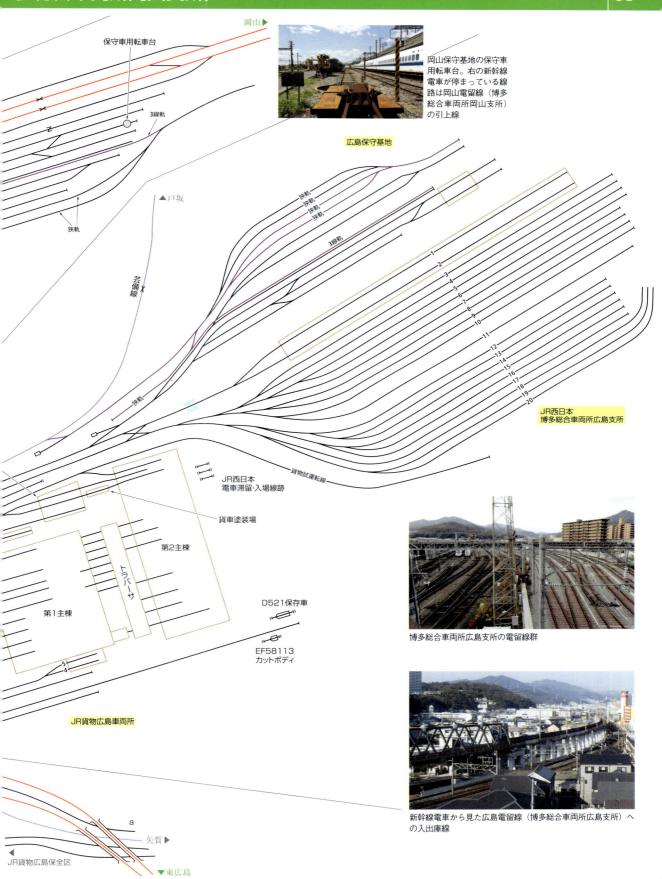

全国新幹線ライン　東海道新幹線（鳥飼信号場・鳥飼車両基地）

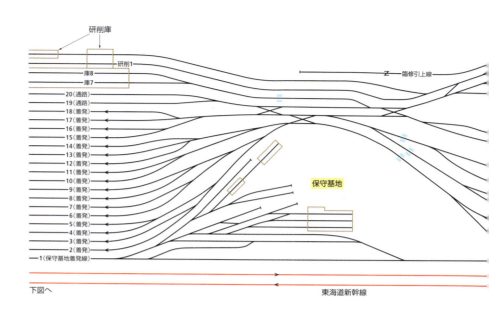

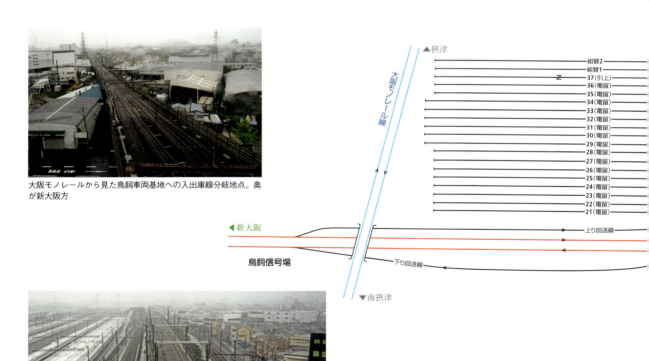

大阪モノレールから見た鳥飼車両基地への入出庫線分岐地点。奥が新大阪方

同車庫側

全国新幹線ライン | 89

JR東海関西支社鳥飼車両基地（一般に鳥飼基地）
大阪修繕車両所（旧：大阪第一車両所）
大阪仕業検査車両所（旧：大阪第一車両所）
大阪交番検査車両所（旧：大阪第二車両所）
大阪台車検査車両所（旧：大阪第三車両所）

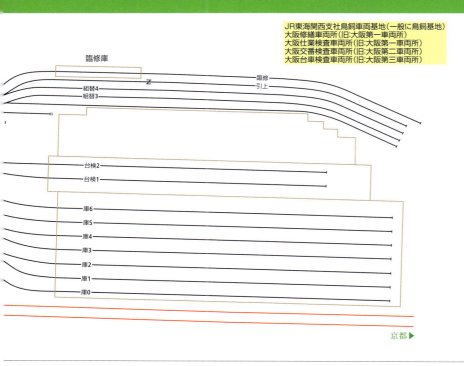

京都 ▶

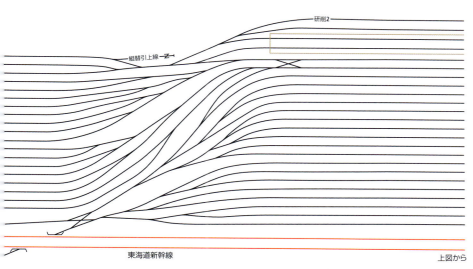

東海道新幹線　　　　　　　　　　　　　　　上図から

大阪モノレールから見た鳥飼車両基地

メロード吹田から見た鳥飼車両基地

全国新幹線ライン 東海道新幹線（栗東信号場・名古屋電留線・静岡電留線）

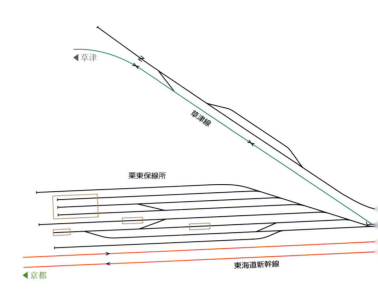

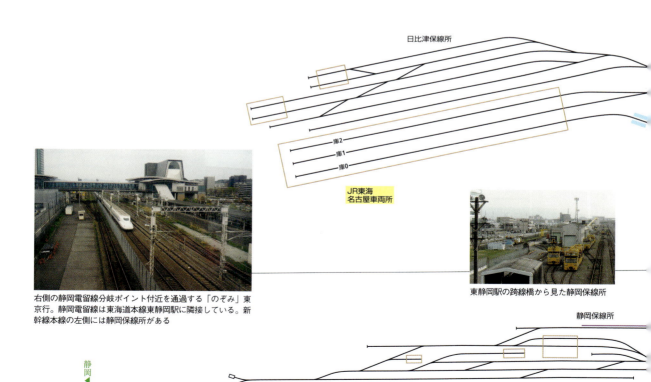

右側の静岡電留線分岐ポイント付近を通過する「のぞみ」東京行。静岡電留線は東海道本線東静岡駅に隣接している。新幹線本線の左側には静岡保線所がある

東静岡駅の跨線橋から見た静岡保線所

全国新幹線ライン | 91

栗東信号場は栗東保線所への出入線と本線との接続部のこと。ほぼ同一面に草津線から分岐する側線が並行して、在来線貨物列車で運んできたレールを吊り上げていたが、現在はこの方法は行っていない

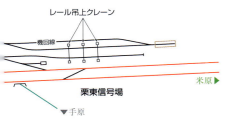

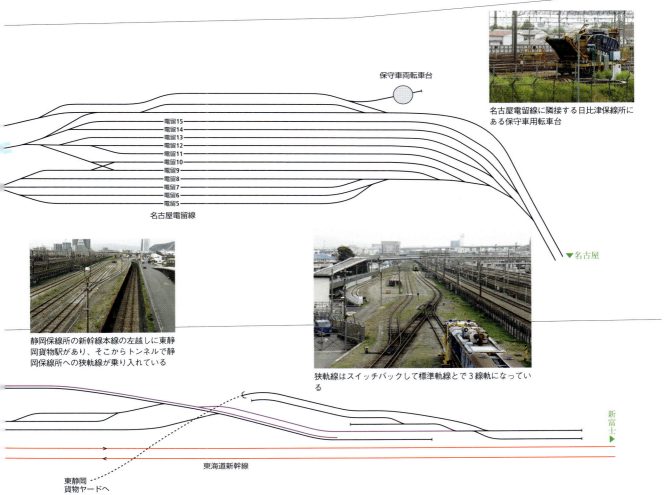

名古屋電留線に隣接する日比津保線所にある保守車用転車台

静岡保線所の新幹線本線の左越に東静岡貨物駅があり、そこからトンネルで静岡保線所への狭軌線が乗り入れている

狭軌線はスイッチバックして標準軌線とで3線軌になっている

全国新幹線ライン　東海道新幹線（大井車両基地）

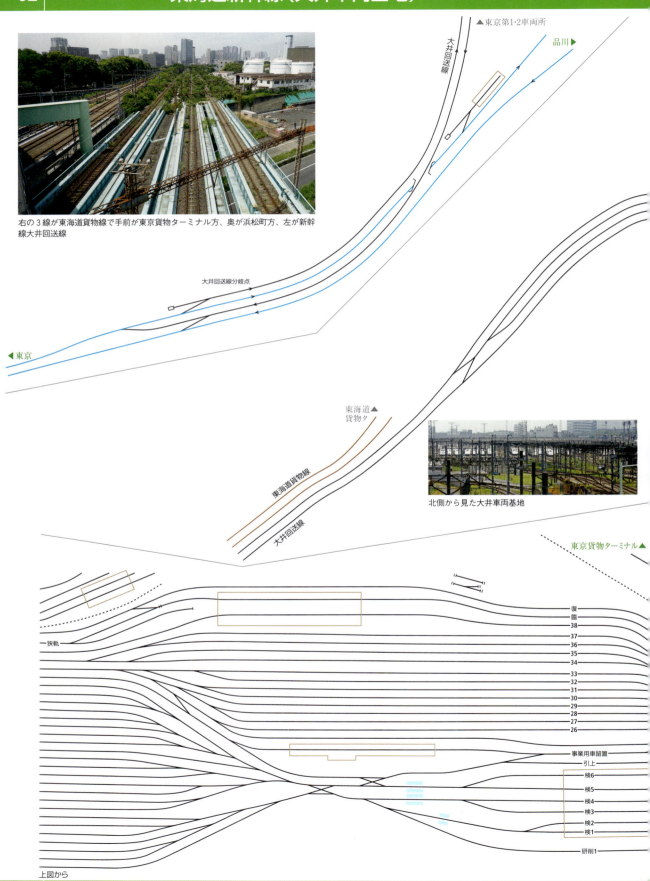

右の3線が東海道貨物線で手前が東京貨物ターミナル方、奥が浜松町方、左が新幹線大井回送線

北側から見た大井車両基地

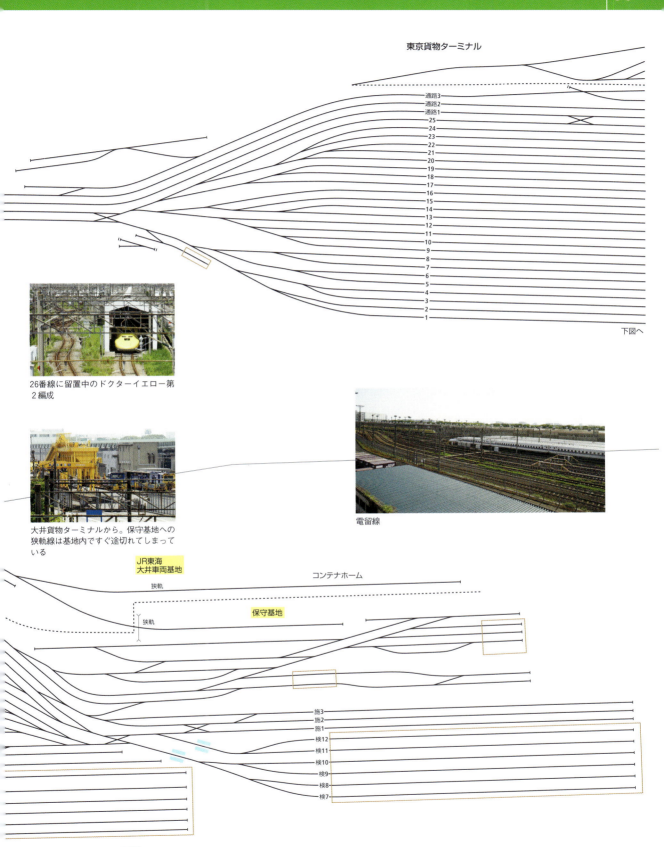

26番線に留置中のドクターイエロー第2編成

大井貨物ターミナルから。保守基地への狭軌線は基地内ですぐ途切れてしまっている

電留線

全国新幹線ライン 東京新幹線車両センター

スカイツリーから見た東京新幹線車両センター

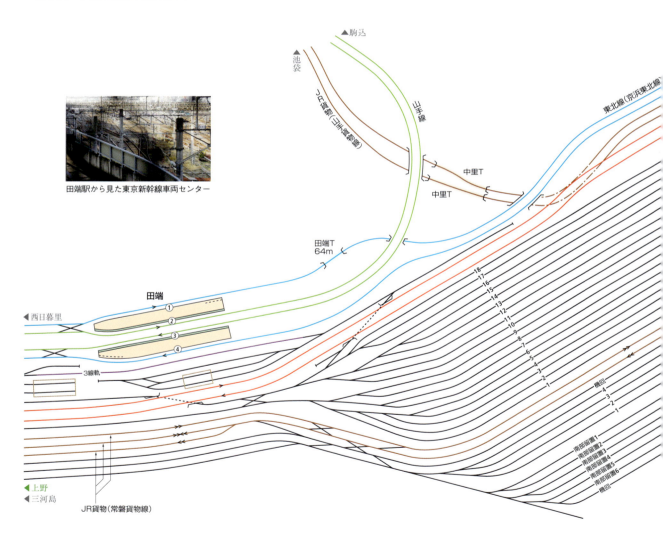
田端駅から見た東京新幹線車両センター

全国新幹線ライン | 95

新幹線から見た東京新幹線車両センター

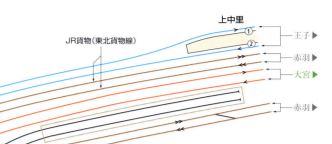

上中里
JR貨物(東北貨物線)
王子 ▶
赤羽 ▶
大宮 ▶
赤羽 ▶

JR東日本東京支社
東京新幹線車両センター

東北新幹線

JR貨物関東支社
田端機関区

田端信号場

東側から見た東京新幹線車両センター

北端には検修棟がある

北側から見た東京新幹線車両センター

小山新幹線車両センター・鷲宮信号場・那須電留基地

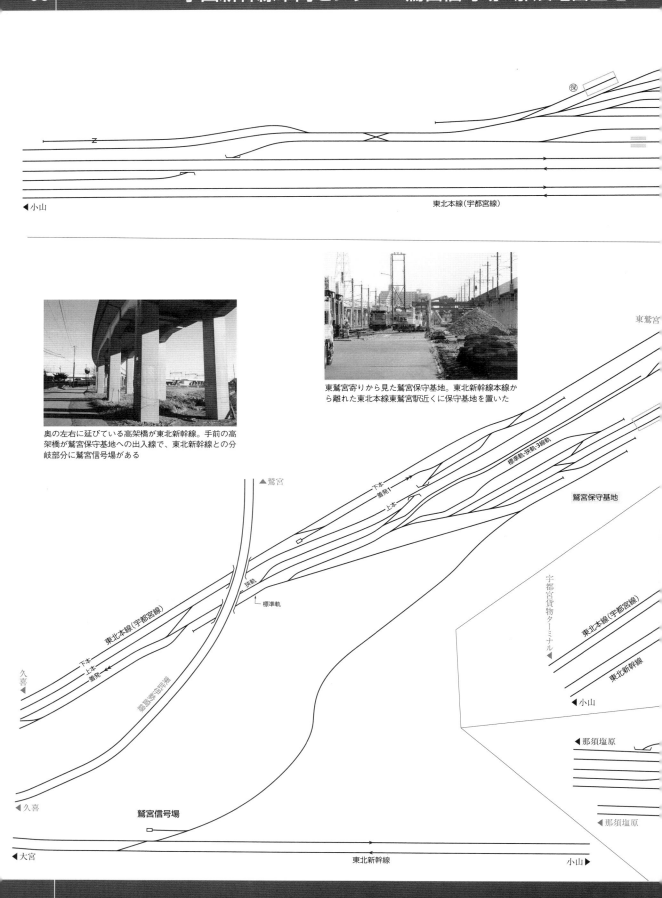

奥の左右に延びている高架橋が東北新幹線。手前の高架橋が鷲宮保守基地への出入線で、東北新幹線との分岐部分に鷲宮信号場がある

東鷲宮寄りから見た鷲宮保守基地。東北新幹線本線から離れた東北本線東鷲宮駅近くに保守基地を置いた

全国新幹線ライン 97

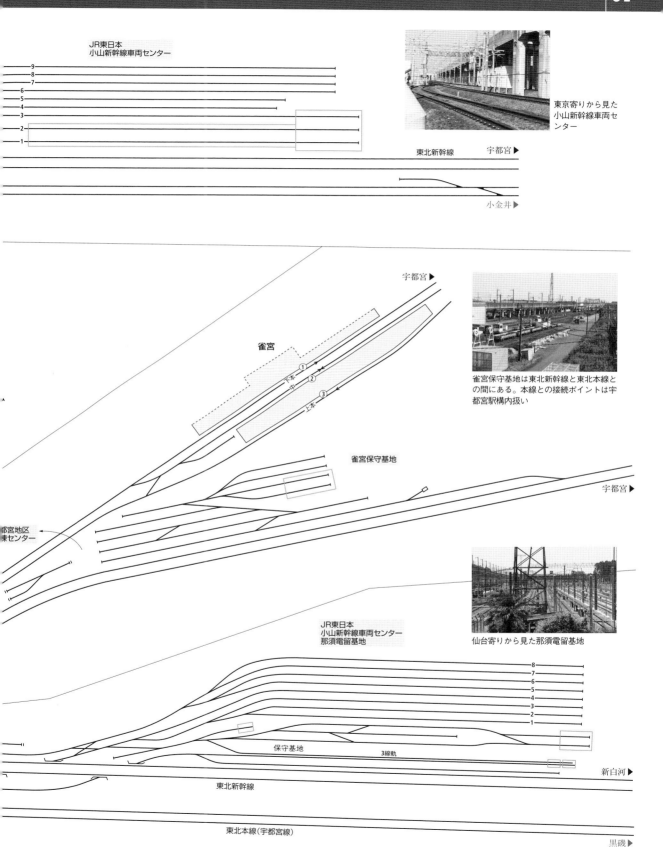

全国新幹線ライン　新幹線総合車両センター

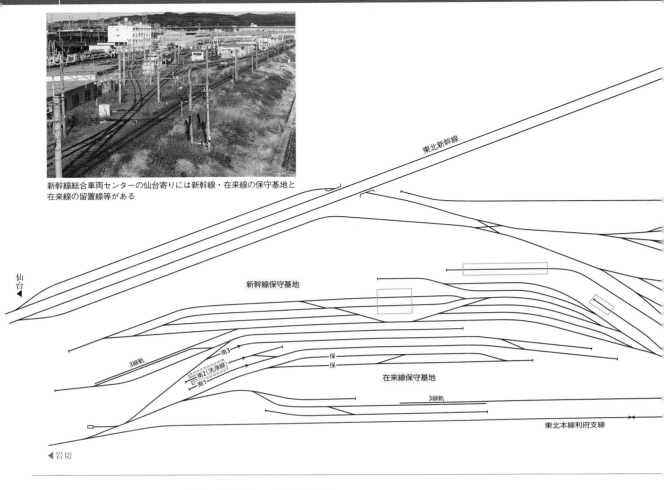

新幹線総合車両センターの仙台寄りには新幹線・在来線の保守基地と在来線の留置線等がある

工場側端部

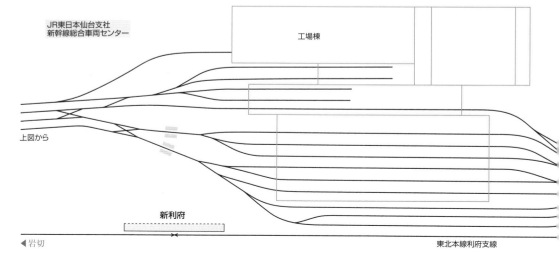

全国新幹線ライン

◁ 古川

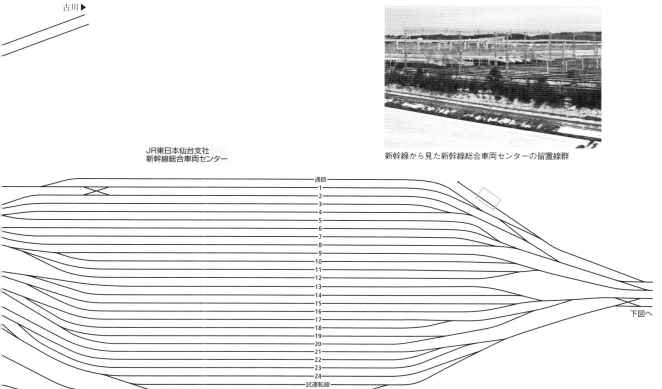

新幹線から見た新幹線総合車両センターの留置線群

JR東日本仙台支社
新幹線総合車両センター

通路
1
2
3
4
5
6
7
8
9
10
11
12
13
14
15
16
17
18
19
20
21
22
23
24
試運転線
保守車通路(非電化)

下図へ

新利府 ▷

北寄りの工場側には各種車両が保存されている。写真は高速試験電車のSTAR21(奥)と全国新幹線鉄道が開通したときに標準車となるべく造られた、その試作車である961系(手前)

961形
STAR21
200系
ED771　　D51 1108
EF711
ED91 21　C58365
ED711　　ED751
ED781　　C11 351

東北本線利府支線から見た留置線。新幹線電気・軌道総合検測車イーストアイ(左)が停まっている

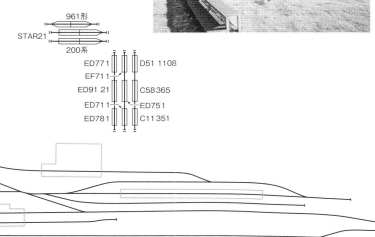

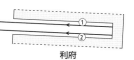

利府

100 全国新幹線ライン　盛岡新幹線車両センター／北海道新幹線（新中小国信号

新幹線から見た盛岡新幹線車両センター

共用区間起点を南東側から見る

新中小国信号場の奥津軽いまべつ寄りを見る。海峡線は東北新幹線開業時のATCと同じものを使用している。このため車内信号方式を使用しており、信号機は設置されていない。左は津軽線

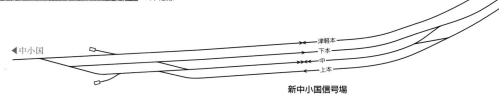

新中小国信号場

中小国寄りから見た新中小国信号場。まっすぐの線路は津軽線で信号機がある。右の3線が海峡線。両線とも合流側に安全側線がある

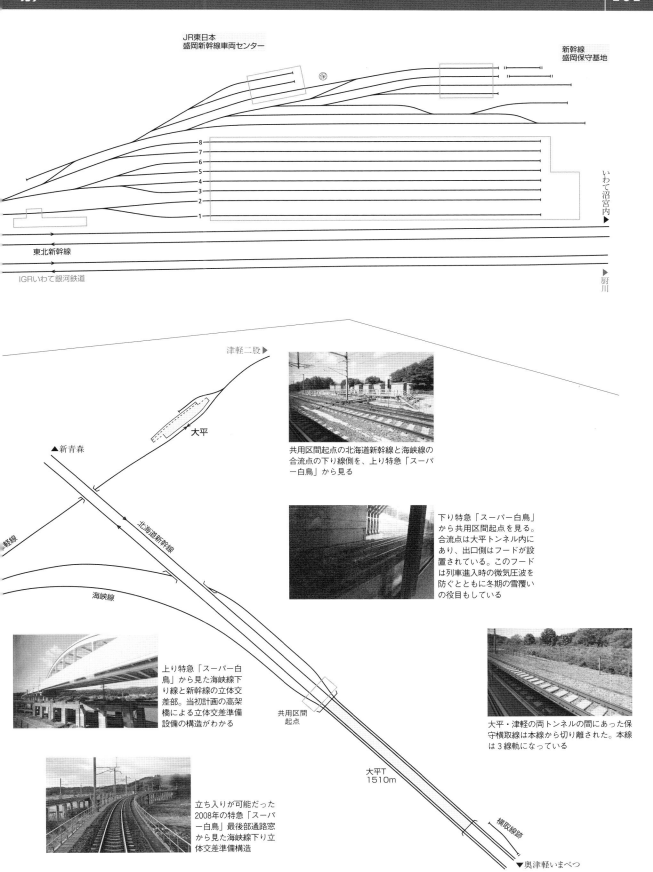

全国新幹線ライン　北海道新幹線（竜飛定点・吉岡定点・湯の里知内信号場）

まだ東北新幹線が新青森駅まで開通していなかった2008年に特急「スーパー白鳥」八戸行の最後部貫通扉の窓から撮影した吉岡海底駅（現吉岡定点）。奥が北海道方。ホームは狭く、駅でカーブしている。当時は「スーパー白鳥」の前後貫通路への立ち入りは認められていた

同・竜飛海底駅（現竜飛定点）

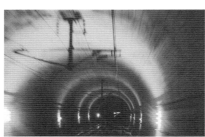

同・海峡トンネル最深部。ここでは青と緑の照明が設置されている

北海道新幹線（海峡線）

竜飛定点

湯の里知内信号場

◀奥津軽いまべつ

◀奥津軽いまべつ
　上図より

特急「スーパー白鳥」の側窓から撮影した旧知内信号場（現湯の里知内信号場）の吉岡定点寄り。貨物待避線が本線と合流する個所はスノーシェルターで覆われている。本線は3線軌になっている

全国新幹線ライン

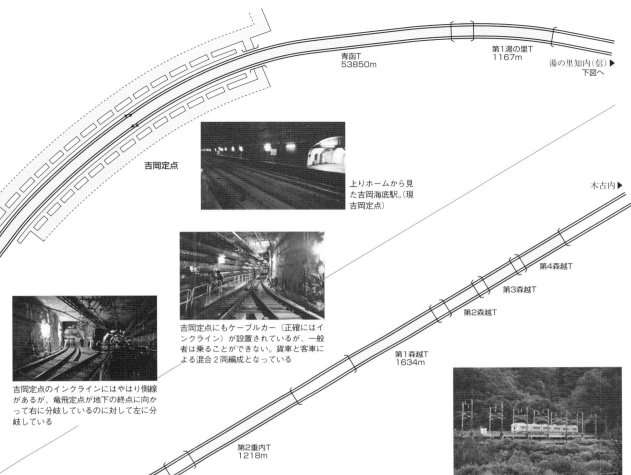

青函T 53850m
第1湯の里T 1167m
湯の里知内(信) ▶ 下図へ

吉岡定点

上りホームから見た吉岡海底駅。(現吉岡定点)

木古内 ▶

第4森越T
第3森越T
第2森越T
第1森越T 1634m

吉岡定点にもケーブルカー(正確にはインクライン)が設置されているが、一般者は乗ることができない。貨車と客車による混合2両編成となっている

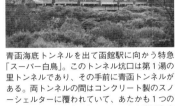

青函海底トンネルを出て函館駅に向かう特急「スーパー白鳥」。このトンネル坑口は第1湯の里トンネルであり、その手前に青函トンネルがある。両トンネルの間はコンクリート製のスノーシェルターに覆われていて、あたかも1つのトンネルのようなものなので、これを青函海底トンネルと称している。車内案内でもここを青函(海底)トンネルの坑口とし、ここを出る時に青函トンネルの出口と案内される

吉岡定点のインクラインにはやはり側線があるが、竜飛定点が地下の終点に向かって右に分岐しているのに対して左に分岐している

第2重内T 1218m

北海道新幹線(海峡線)
第1重内T 813m

第2湯の里T 1638m

2008年時点の第1重内トンネル付近。左の下り線は3線軌化されており、右の上り線はまだ狭軌線だけとなっているが、当初から標準軌レールを追加できるスラブ軌道になっている

2013年時点の旧知内駅(現湯の里知内信号場)の跨線橋から奥津軽いまべつ方を見る。すでに貨物待避線を改修する工事がはじまっている。本線は当初から3線軌に対応する枕木を使用しているが、まだ3線軌化されていない

上り特急「スーパー白鳥」の側窓から旧知内信号場の下り線を見る。本線は3線軌になっており、その向こうに狭軌の貨物待避線2線がある

道の駅「しりうち」から見た旧知内信号場

2008年時点の特急「スーパー白鳥」後方から見た旧知内駅。奥が木古内方

全国新幹線ライン　北陸新幹線白山総合車両所

◀加賀笠間

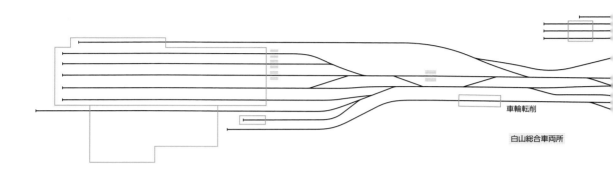
車輪転削
白山総合車両所

松任駅付近から見た白山総合車両所

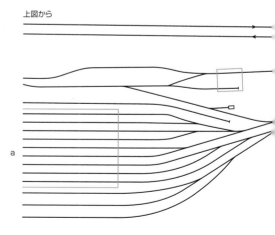
上図から
a

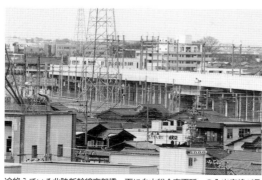
途絶えている北陸新幹線高架橋、下に白山総合車両所への入出庫線が見える

全国新幹線ライン

白山総合車両所の電留線群。積雪地なので露天留置ではなく、建屋内に留置される。12番線は車輪転削線

単線になった本線から入出庫線が分岐するが、将来、上り本線になる線路から分岐しており、下り線側は本線も含めて路盤だけとなっている

松任駅付近から金沢方向に延びる新幹線線路を見る。高架下の横にD51 822号機が保存されている

北陸新幹線の本線路盤は白山総合車両所の金沢寄りで止まっている

入出庫線分岐部のアップ

106 全国新幹線ライン 東海道新幹線（浜松工場）・北海道新幹線（函館総合車両

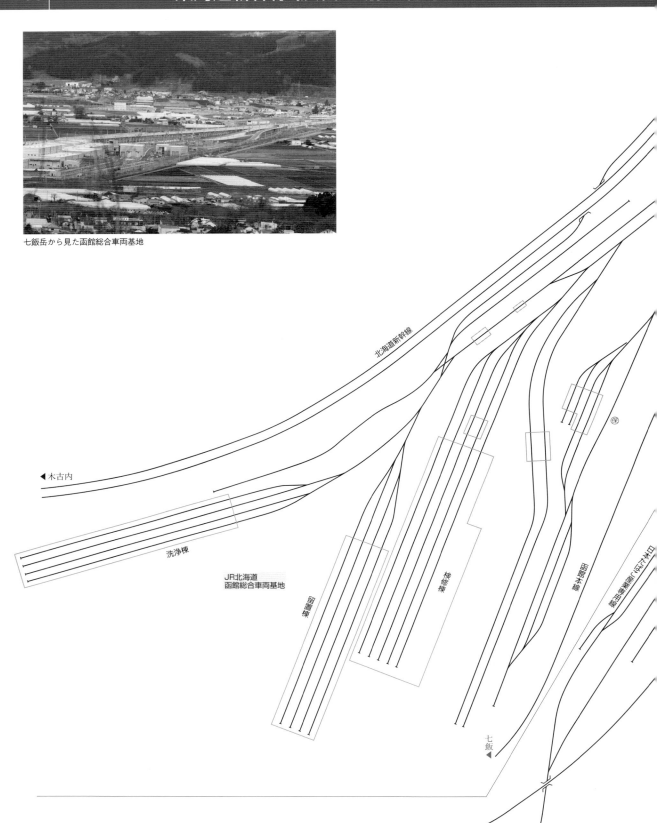

七飯岳から見た函館総合車両基地

基地）

全国新幹線ライン 107

◀新函館北斗

▲新函館北斗

西側から見た浜松工場。狭軌・標準軌併用の3線軌がある。狭軌線は東海道本線とはつながっておらず、現在は不要なものである

浜松工場への出入線。奥に浜松レールセンター（左奥）と浜松保守基地（右奥）がある

新幹線電車が通る唯一の踏切。左に浜松工場、右に浜松レールセンターがある

レールセンターの横を通る出入線のうち保守基地につながっている線路の浜松工場寄り（手前）は3線軌だが、保守基地への線路はすぐに狭軌線が撤去されている。以前は、3線になっていて、狭軌線はスイッチバックして浜松工場の南側を通って、高架移設前の浜松駅の側線につながっていた

浜松レールセンター

JR東海 浜松工場

浜松保守基地

左が日本たばこ産業専用線、右が浜松工場出入線

南側から見た浜松保守基地

東側から見た浜松工場。2009年に撮影したもので、当初の浜松工場は手前の道路を横断して旧浜松駅まで側線（狭軌・標準軌・3線軌）が伸びていた。現在は工場棟付近で線路は止まっている

浜松▶

全国新幹線ライン　長野新幹線車両センター・新潟新幹線車両センター

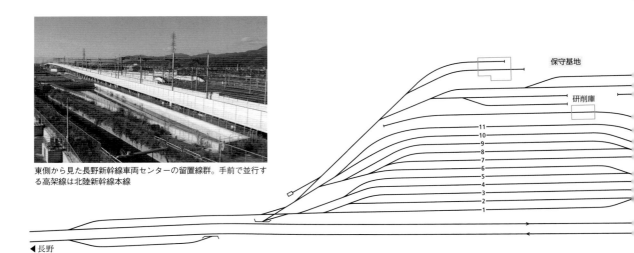

東側から見た長野新幹線車両センターの留置線群。手前で並行する高架線は北陸新幹線本線

新潟新幹線車両センター。豪雪地帯のため留置線群は建屋内に設置されている

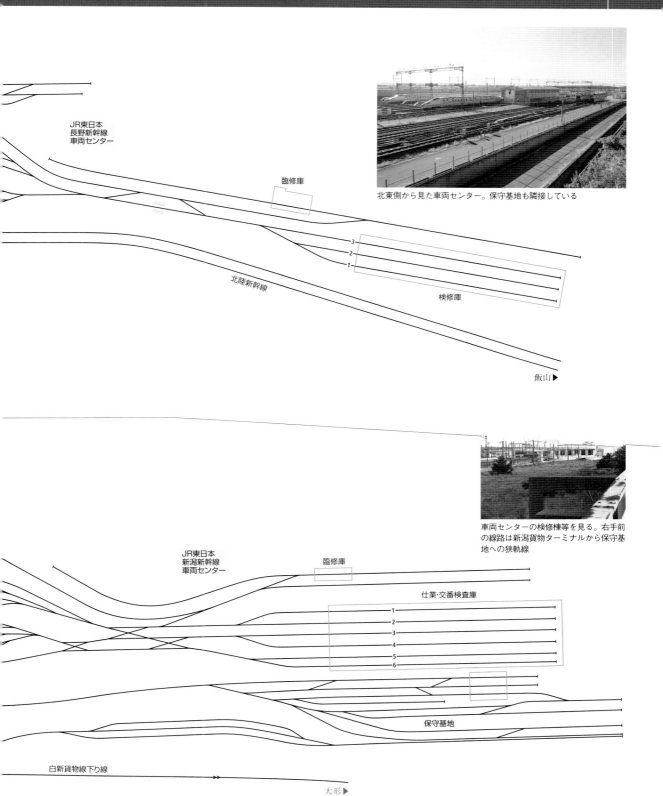

全国新幹線ライン　九州新幹線（川内新幹線車両センター）／山陽新幹線（姫路・西神戸保守基地）／東北新幹線

◀川内
鹿児島中央▶
九州新幹線
川内保守基地
姫路保守基地
7電留
6転削
5検
4検
JR九州鉄道事業本部新幹線部
川内新幹線車両センター

川内新幹線車両センターは熊本車両基地ができたため、留置線1線を残して撤去、または使用停止となっている

◀六原
東北本線
3線軌
新幹線
北上保線区
水沢江刺
東北新幹線

東福島ORS
東福島
伊達▶
◀福島
東北本線
下3
下2
②
①
東福島保守基地
矢野目信号場
東北新幹線
白石蔵王▶

◀福島
卸町▶
燕三条▶
東福島保守基地
上越新幹線
JR東日本
長岡保線技術センター
①
②
信越本線
◀長岡
北長岡
押切▶

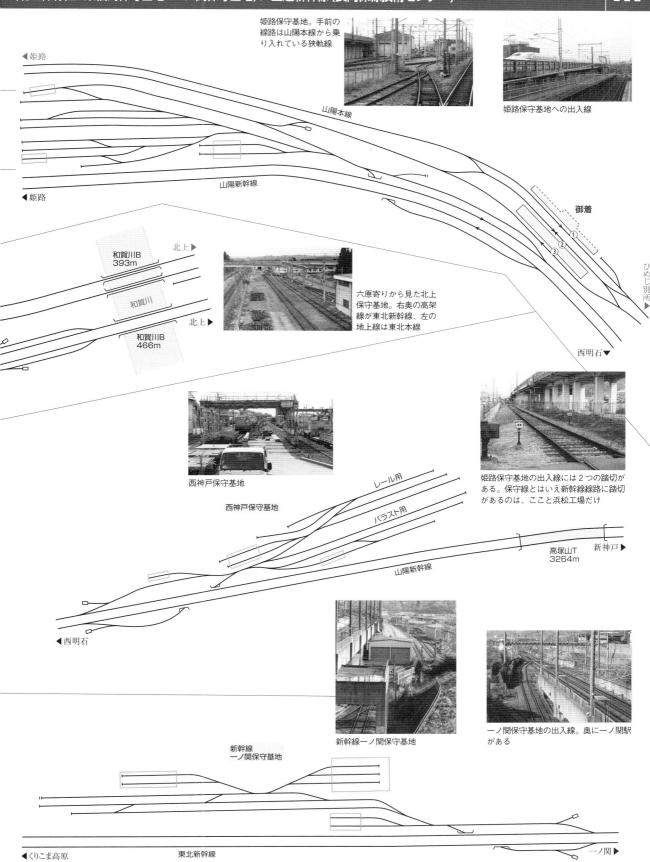

[編著者略歴]

川島令三（かわしま・りょうぞう）

1950年、兵庫県に生まれる。鉄道アナリスト。芦屋高校鉄道研究会、東海大学鉄道研究会を経て鉄道図書刊行会に勤務、ジェー・アール・アールで配線図シリーズを作画。現在は「鉄道アナリスト」として執筆を中心に活動中。早稲田大学非常勤講師。鉄道友の会会員。全国鉄道利用者会議会員。著書には『全国鉄道事情大研究』シリーズ（草思社）、『新線鉄道計画徹底ガイド』シリーズ（山海堂）、『日本の鉄道名所100を歩く』『鉄道カレンダー』『至高の名列車名路線の旅』（以上、講談社+α新書）、『〈図解〉日本三大都市 幻の鉄道計画』『〈図解〉日本三大都市 未完の鉄道路線』『〈図解〉超新説全国未完成鉄道路線』『〈図解〉配線で解く「鉄道の不思議」』（以上、講談社+α文庫）、『〈図解〉新説 全国寝台列車未来予想図』『［図説］日本vs.ヨーロッパ「新幹線」戦争』（以上、講談社）などがある。

[編集部注]

本書では、これまで詳細図がなかった車両基地や保守用側線までを徹底網羅したオリジナルの配線図を掲載しました。駅名・路線名の表記は平成27年度の『鉄道要覧』に準拠しています。なお、本書の情報は2016年6月現在のものです。駅の現況等は変わることがありますので、ご了承ください。

[参考文献]

『鉄道要覧』〈平成27年度〉（国土交通省鉄道局＝監修／電気車研究会・鉄道図書刊行会）
『新停車場線路配線ハンドブック』（停車場線路配線研究会＝編／吉井書店）
『JR全線全駅』〈2001年版〉（弘済出版社）
『私鉄全線全駅』（交通新聞社）
2016「JR貨物時刻表」（鉄道貨物協会）
『停車場変遷大事典 国鉄・JR編』（JTBパブリッシング）
『日本鉄道旅行地図帳』各号（今尾恵介＝監修／新潮社）
『JR・私鉄全線各駅停車』各巻（宮脇俊三・原田勝正＝編／小学館）
『新日本鉄道史 上・下巻』（鉄道図書刊行会）
『注解 鉄道六法』（国土交通省鉄道局＝監修／第一法規）
『普通列車編成両数表Vol.35』（ジェー・アール・アール＝編／交通新聞社）
『JR電車編成表2016夏』（ジェー・アール・アール＝編／交通新聞社）
『JR気動車客車編成表2015』（ジェー・アール・アール＝編／交通新聞社）
『平成25年度鉄道統計年報』（国土交通省鉄道局）
『日本鉄道名所』各巻（小学館）
『鉄道ピクトリアル』各号（電気車研究会・鉄道図書刊行会）
『鉄道による貨物輸送の変遷』（太田幸夫／富士コンテム）
『［続］鉄道による貨物輸送の変遷』（太田幸夫／富士コンテム）
「JR時刻表」（交通新聞社）
「JTB時刻表」（JTBパブリッシング）

【図説】日本の鉄道 特別編成
全国新幹線ライン
全駅・全車両基地

2016年6月29日　第1刷発行

編著者	川島令三（かわしまりょうぞう）
編集協力	小野澤正彦　富田康裕
装丁・本文フォーマット	板谷成雄
本文デザイン	DNPメディア・アート
印刷	大日本印刷株式会社
製本	大口製本印刷株式会社
発行者	鈴木哲
発行所	株式会社講談社
	〒112-8001
	東京都文京区音羽2-12-21
電話	編集 03-5395-3529
	販売 03-5395-3606
	業務 03-5395-3615

定価はカバーに表示してあります。

本書のコピー、スキャン、デジタル化等の無断複製は著作権法上での例外を除き禁じられています。本書を代行業者等の第三者に依頼してスキャンやデジタル化することは、たとえ個人や家庭内の利用でも著作権法違反です。

落丁本・乱丁本は購入書店名を明記のうえ、小社業務あてにお送りください。送料小社負担にてお取り替えいたします。

なお、この本の内容についてのお問い合わせは、生活実用出版部第二あてにお願いいたします。

ISBN978-4-06-295181-4

© Ryozo Kawashima 2016, Printed in Japan

全国の配線図をコンプリートした、唯一無二のシリーズ!!

【図説】日本の鉄道 東海道ライン　（全12巻）
各巻定価：本体933円（税別）

【図説】日本の鉄道 中部ライン　（全12巻）
第1～11巻定価：本体933円（税別）／
第12巻特別定価：本体1143円（税別）

【図説】日本の鉄道 山陽・山陰ライン　（全8巻）
第1～6巻定価：本体980円（税別）
第7・8巻定価：本体1100円（税別）

【図説】日本の鉄道 四国・九州ライン　（全7巻）
第1～6巻定価：本体1200円（税別）
第7巻定価：本体1300円（税別）

【図説】日本の鉄道 東北ライン　（全10巻）
各巻定価：本体1300円（税別）

【図説】日本の鉄道 北海道ライン　（全3巻）
第1・2巻定価：本体1400円（税別）
第3巻定価：本体1600円（税別）

特別編成 山陽・九州新幹線ライン 定価：本体980円（税別）
特別編成 京阪神スペシャル 定価：本体1300円（税別）
特別編成 首都近郊スペシャル 定価：本体1300円（税別）